“中国移动源标准实施系列知识手册”丛书

丛书主编 丁 焰 副主编 倪 红

车内空气质量环境保护标准实用手册

倪 红 江 楠 主编

中国环境出版集团·北京

图书在版编目（CIP）数据

车内空气质量环境保护标准实用手册 / 倪红，江楠主编 . -- 北京：中国环境出版集团，2024. 11.
（“中国移动源标准实施系列知识手册”丛书）. --ISBN 978-7-5111-5987-8

Ⅰ . U491.9-65

中国国家版本馆 CIP 数据核字第 2024W2A016 号

策划编辑 张维平
责任编辑 宾银平
封面设计 岳　帅

出版发行 中国环境出版集团
（100062　北京市东城区广渠门内大街 16 号）
网　　址：http: //www.cesp.com.cn
电子邮箱：bjgl@cesp.com.cn
联系电话：010-67112765（编辑管理部）
发行热线：010-67125803，010-67113405（传真）

印　　刷 北京中献拓方科技发展有限公司
经　　销 各地新华书店
版　　次 2024 年 11 月第 1 版
印　　次 2024 年 11 月第 1 次印刷
开　　本 787×1092　1/32
印　　张 3.5
字　　数 62 千字
定　　价 22.00 元

前言

foreword

交通运输的快速发展在支撑我国经济增长的同时，给人们生活带来极大便利，也对人类赖以生存的空气环境造成了严重挑战。随着汽车保有量与娱乐性等功能的不断增加，汽车已成为住宅和办公室以外人们活动的第三类重要空间，车内空气质量越来越受到人们的关注。车内空气质量不仅影响消费者对新车的直观评定，更会影响驾乘人员的身体健康和行驶安全。随着人民物质生活水平的提高，消费者对提升车内空气质量的需求也越来越高。

多年来，国内外在车内空气质量改善方面制定和实施的环境保护标准，对于提高车内空气污染防治技术水平和削减车内环境有害物质排放发挥了重要作用。本书系统介绍了国内外车内空气质量环境保护相关标准制定和实施情况，梳理分析了我国车内空气质量环境保护标准的发展历程、分类、现状，就重要排放标准的适用范围、实施时间、排放限值、控制要求等内容进行了简要介绍。本书对于车内空气质量环境保护管理、技术开发、科学研究等工作具有一定实用价值，适合移动源环境保护领域和汽车行业相关人员选用。

本书共七章，第一章为车内空气质量标准概述，系统梳理和介绍了我国车内空气质量相关标准的构成、实施情况和国内外标准发展历程等，由倪红编写；第二章为《车内挥发性有机物和醛酮类物质采样测定方法》介绍，简要介绍了该标准的适用范围、实施时间、采样要求和测量方法等，由皮晓超编写；第三章为《乘用车内空气质量评价指南》介绍，对该标准的实施时间、背景情况、适用范围、限值要求和测试要求等进行了介绍，由王亮编写；第四章为《乘用车——车内空气质量测量及气味评价方法》介绍，简要介绍了车内污染物排放的限值和结果计算，以及气味强度、类型及愉悦度评价的方法，由阎志敏编写；第五章为《长途客车内空气质量要求及检测方法》介绍，较为系统地概括了车内污染物限值、车内空气质量检测方法等内容，由赵军霞编写；第六章为其他车内空气质量相关评价方法，针对目前由第三方开展的中国汽车健康指数和中国绿色汽车评价规程，简要介绍了各自的评价方法和评价内容等，由游刚编写；第七章为国际车内空气质量相关标准制定和实施情况，梳理了国际车内空气质量主要的标准及其内容，由江楠编写。

本书的编写和出版得到廊坊华安汽车装备有限公司和中国汽车工程研究院股份有限公司的资助和支持，在此表示感谢！编者对本书进行了反复的校核，然而由于水平所限，难免存在不当之处，敬请广大读者批评指正！

目录

contents

第一章　车内空气质量标准概述

一、我国车内空气质量标准

车内散发出的挥发性有机物（volatile organic compounds，VOCs）和醛酮类化合物等有机物，主要来源车内纺织材料内饰、塑料内饰、皮革材料和各个部件间的黏结剂。这些材料所散发的污染物在空间小且环境相对密闭的车内更容易聚集在一起，会使车内人员出现头晕、恶心等不适症状，对车内人员的健康和行车安全均有很大的隐患。近 20 年来，车内空气污染给人体健康带来的危害已经成为社会关注的焦点问题。其主要原因，一是社会公众的环境意识和自我保护意识不断提高，对直接关系身体健康的车内空气质量日益关注；二是消费者对汽车舒适性和感观的要求越来越高，促使汽车生产企业和装饰企业不断提高车内设施的装饰水平及车厢密闭性，使车内空气污染物更容易聚积而产生污染；三是个别企业为降低成本、提高产品市场竞争力，采用一些质量不高甚至对人体健康有害的劣质材料，加剧了车内空气污染。

国内相关部门曾做过多次关于车内环境污染的调查，2004 年，中国科学技术协会工程学会联合汽车环境专业委员会及北京交通台等单位共同举办了中国首次“汽车内环境污染情况调查”活动，调查结果显示，在接受调查的1 175 辆汽车中，有近 94%的被调查车辆存在车内环境污染问题。抽查选择的车型范围涵盖了当时热销的高、中、低各档次汽车共 91 款，涉及 38 家国内汽车生产厂和 6 家国际著名汽车企业，说明了问题的普遍性和严重性。

车内空气污染问题引起社会各界的广泛关注，也受到国务院领导的高度重视。2004 年，按照国务院的要求，国家环境保护总局在对车内空气污染问题进行充分调查研究的基础上，将车内空气污染物浓度限值及测量方法标准的制定列入国家环境保护总局和国家标准化管理委员会标准制订计划。2007 年，国家环境保护总局出台了《车内挥发性有机物和醛酮类物质采样测定方法》（HJ/T 400—2007），规范了车内空气污染物测量技术方法。2011 年，环境保护部和国家质量监督检验检疫总局共同发布了《乘用车内空气质量评价指南》（GB/T 27630—2011），提出了车内苯、甲苯、二甲苯、乙苯、苯乙烯、甲醛、乙醛、丙烯醛 8 种有机化合物的浓度限值。中国汽车工业协会于2023 年发布的《乘用车——车内空气质量测量及气味评价方法》（T/CAAMTB 143—2023）对 GB/T 27630—2011 的技术内容进行了补充和完善。目前，以上 3 个标准均有效。

出于公共场所卫生管理的需求，我国早在 1999 年，就制定发布了《长途客车内空气质量要求》(GB/T 17729—1999)，这是我国第一个关于车内空气质量的国家标准，该标准于 2009 年进行了修订。2023 年，国家市场监督管理总局、国家标准化管理委员会发布了《长途客车内空气质量要求及检测方法》（GB/T 17729—2023），该标准由交通运输部提出和归口管理，是对《长途客车内空气质量要求》(GB/T 17729—2009) 的修订，且合并了《长途客车内空气质量检测方法》（GB/T 28370—2012）及其修订内容。我国目前有效的车内空气质量标准见表 1-1。

表 1-1　我国车内空气质量标准

序号	标准名称	标准号	标准类型	适用车类型	
				车类型	新车 / 在用车
1	乘用车内空气质量评价指南	GB/T 27630—2011	推荐性国家标准	乘用车	新车和在用车（参照使用）
2	长途客车内空气质量要求及检测方法	GB/T 17729—2023		长途客车（其他种类客车可参照执行）	新车和在用车
3	车内挥发性有机物和醛酮类物质采样测定方法	HJ/T 400—2007	推荐性行业标准（国家环境保护总局发布）	所有车类型	未明确规定
4	乘用车——车内空气质量测量及气味评价方法	T/CAAMTB 143—2023	团体标准（中国汽车工业协会发布）	乘用车（其他种类客车和货车可参照执行）	未明确规定

二、我国车内空气质量标准实施情况

目前我国车内空气质量相关标准均为非强制性实施的标准。在所有车类型中，仅有校车强制性实施了车内空气质量标准。2012 年 5 月 1 日开始实施的《专用校车安全技术条件》（GB 24407—2012）把车内空气质量作为检测项目之一，从而使得《长途客车内空气质量检测方法》（GB/T 28370—2012）（目前已修订为 GB/T 17729—2023）在校车管理中强制实施。

尽管我国目前尚未发布车内空气质量相关的强制性标准，但大部分汽车生产企业都自觉执行了推荐性标准。汽车行业积极应对，开始向更健康安全材料的研发应用方向进行发展，并逐步采取消除车内有害物质的技术手段。此外，汽车行业积极开展第三方评价工作，在 HJ/T 400—2007 和 GB/T 27630—2011 等的基础上，增加了更为严苛的测试工况、更全面的评价指标，极大地促进了车内空气质量进一步改善。研究显示，近年来车内排放的污染物浓度在大幅度下降。2007 年前的新车车内污染较为严重，2006 年北京市劳动保护科学研究所随机抽样检测的 52 辆新车发现，在常温检测情况下车内排放的有机污染物（苯、甲苯、二甲苯和甲醛之和）质量浓度平均值为 1 823μg/m^3。中国汽车工程研究院股份有限公司 2019 年对 23 辆随机抽样新车的研究结果表明，常温模式下，车内污染物(苯、甲苯、乙苯、间二甲苯、对二甲苯、邻二甲苯、苯乙烯、甲醛、乙醛之和）质量浓度中值为 208 μg/m^3。

三、国外车内空气质量标准概况

20 世纪 70 年代，国外就开始关注车内空气污染，并首先由车内零部件污染物排放管控开始，逐步开展车内空气污染控制相关的法规标准制定工作。

1. 国家标准

国际上第一个车内空气质量标准是俄罗斯于 1998 年制定的国家通用标准（缩写为 GOST ）《机动车辆客舱驾驶室空气中的污染物含量规范和试验方法》(GOST R 51206—1998)。该标准于 2004 年进行了修订。该标准为强制性标准，对车内甲醛、甲烷、C_2 ～ C_{10}、CO、NO_2 及 NO 的浓度进行限制。2015 年，俄罗斯发布了《机动车辆驾驶室和客舱内部的污染物含量技术要求和试验方法》(GOST 33554—2015)，并基于该标准开展车内空气质量的测试。我国出口汽车在进行俄罗斯 GOST 认证时，就需要依据 GOST 对车内空气质量进行测试，相应污染物的含量必须满足其限值要求。

2007 年，韩国建设交通部颁布了《新制造车辆车内空气质量管理标准》，要求以 2 年为周期将本国车内空气质量抽检结果向社会公布。2013 年，韩国国土交通部发布 2013—549 号公告，对《新制造车辆车内空气质量管理标准》进行了修订。

2. 行业标准

国际标准化组织（International Organization for Standardization，ISO）制定了整车、零部件及材料的 VOCs 检测标准，于 2012 年发布了《道路车辆的内部空气 第 1 部分：整车试验室——测定车厢内部挥发性有机化合物的规范与方法》（ISO 12219-1：2012），用于指导汽车 VOCs 检测。2021 年，对《道路车辆的内部空气 第 1 部分：整车试验室——测定车厢内部挥发性有机化合物的规范与方法》的采样程序进行了修改，升级至 ISO 12219-1：2021 版本。

德国从 20 世纪 80 年代开始发布车内空气质量报告，并启动德国汽车工业协会（VDA）标准的制定。自 1990 年起，德国汽车工业协会发布关于材料中污染物的筛选方法，并于 1994 年发布《汽车用非金属材料有机排放物的热解析分析》（VDA 278）。日本汽车工业协会 (JAMA) 于 2005 年发布《降低车内挥发性有机化合物水平的自主指南》。

3. 企业标准

国际上很多汽车制造企业制定了车内空气质量控制标准。例如，德国大众集团于 20 世纪 70 年代就开始开展车内空气质量研究，于 1999 年制定了《汽车整车散发情况——汽车内部空间气体》（PV 3938）标准。

图 1-1 给出了国内外主要车内空气质量标准的发展历程。

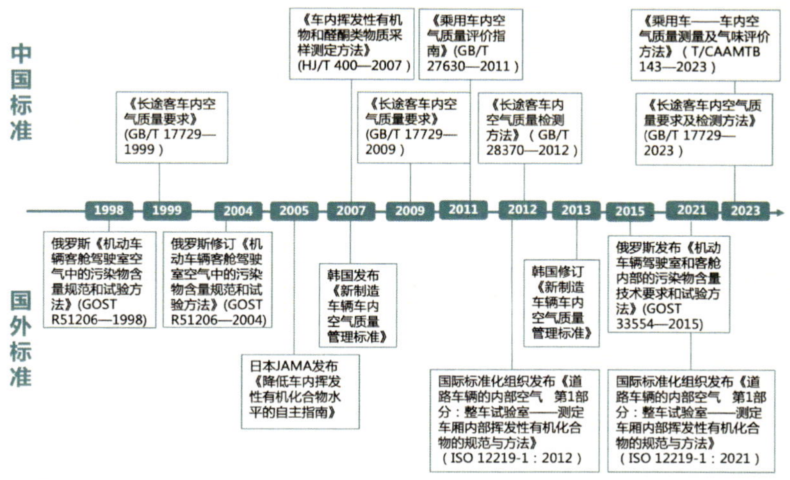

图 1-1　国内外车内空气质量标准发展历程

四、我国车内空气环境保护技术发展

我国车内空气环境质量改善和健康保护技术的发展经

历了去除车内空气污染物、防治外部污染物影响车内环境和智慧化综合治理 3 个阶段。

1. 去除车内空气污染物

车内零部件和装饰材料散发出的 VOCs 和醛酮类化合物等污染物主要来源于车内零部件和内饰材料，如塑料、皮革、泡沫材料等，此外还有各个部件间的黏结剂。一般来说，去除车内污染物主要有以下几种方式：

（1）通风。在使用过程中，在不影响安全的前提下，尽量开窗进行通风，或者打开空调外循环进行全面的通风换气。

（2）吸附净化技术。利用活性炭、分子筛等多孔碳吸附剂材料进行吸附，这些吸附材料具有多孔吸附性的特点，可进行物理吸附，也可进行化学吸附，使污染物吸附于多孔碳材料表面，从而达到净化效果。当活性炭吸附饱和后，可将其进行太阳暴晒或通气进行脱附，从而重复使用。

（3）催化净化技术。利用光触媒材料进行光催化降解处理污染物，通过氧化还原反应产生自由基和超氧自由基，将气体污染物进行分解，同时还有一定的杀菌能力。大多数光催化材料为 TiO_2 或者是负载铂（Pt）等贵金属的复合型催化剂，在光源照射下，通过氧化还原反应，将车内空气中污染物分解为稳定无毒的物质，还能发挥除臭、抗菌和净化空气的作用。

2. 防治外部污染物影响

随着我国工业化、城镇化的推进，2013 年前后，全国多地特别是北方地区雾霾频发，空气污染对人体健康构成严重威胁，人们认识到防止车外污染影响车内环境的重要性，仅依靠整车密闭性来隔绝车外空气污染物不能够满足车主的健康用车需求，部分汽车制造企业开始关注开发抵御车外污染源及细颗粒物（$PM_{2.5}$）的综合解决方案，具有高效过滤空气中颗粒物功能的车内空气净化装置得到应用，部分产品还具有颗粒物浓度检测功能。

2020 年新冠疫情暴发以来，让人们更加注意防止病毒及其他有害物质污染车内空气。汽车行业也纷纷开始关注车内饰材料防病毒杀菌功能，抑菌抗菌材料、紫外线杀菌、中药香氛等主动杀毒技术迅速发展。

3. 智慧化综合治理

随着车内空气质量关注度的日益提升，主动换气，温、湿度调节等技术的快速开发及落地，又将车内空气净化技术提升到更高效、更全面的层次。未来，智能化技术的应用，将能够综合考虑行驶里程、驾驶时间和沿途空气质量，计算出基于健康保护的最佳行驶路线；在车内配置多重技术进行持续净化的同时，根据每位乘客的生理特征，对其所处的微环境进行个性化调节。从而实现多种技术手段智慧化协同作用，全面彻底地改善车内空气质量和微环境。

五、标准重要定义

1. 汽车类型的定义

（1）乘用车

根据 GB 7258 的规定，乘用车指在其设计和技术特征上主要用于载运乘客及其随身行李和（或）临时物品的汽车，包括驾驶员座位在内最多不超过 9 个座位。它也可以牵引一辆挂车。

（2）长途客车

根据 GB 7258 的规定，长途客车指为城间 (城乡) 运输乘客设计和制造、专门从事旅客运输的客车。

（3）校车

校车是指用于有组织地接送 3 周岁以上学龄前幼儿或接受义务教育的学生上下学的 7 座以上的载客汽车。

（4）M_2 类车

M_2 类车是指包括驾驶员座位在内座位数超过 9 座，且最大设计总质量不超过 5 000 kg 的载客汽车。

（5）M_3 类车

M_3 类车是指包括驾驶员座位在内座位数超过 9 座，且最大设计总质量超过 5 000 kg 的载客汽车。

（6）B 级客车

根据 GB/T 15089 的规定，B 级客车指可载乘员数（不包括驾驶员）不多于 22 人，不允许乘员站立的客车。

（7）Ⅲ级客车

根据 GB/T 15089 的规定，Ⅲ级客车指可载乘客数（不包括驾驶员）多于 22 人，不允许乘员站立的客车。

2. 新生产汽车和在用汽车的定义

依据 GB 3847 等标准的规定，新生产汽车和在用汽车的定义如下：

（1）新生产汽车

新生产汽车指制造厂合格入库或出厂的汽车。新生产汽车简称“新车”。

（2）在用汽车

在用汽车指已经注册登记并取得号牌的汽车。在用汽车简称“在用车”。

（3）长途客车新车

新生产且下线时间在 (42±5)d 以内的，车辆内饰未被改变的长途客车。

3. 污染物的定义

（1）挥发性有机组分

挥发性有机组分也称为挥发性有机物或挥发性有机化合物等，英文缩写为 VOCs 或 VOC。国内外有多种 VOCs 的定义，广义来说，针对挥发条件和挥发物质进行定义。如世界卫生组织（World Health Organization，WHO）于 1989 年对 VOCs 的定义是，室温下饱和蒸汽压超过 133.32 Pa，以蒸汽形式存在于空气中的一类有机化合物，包括烷烃类、芳烃类、烯类、卤烃类、酯类、醛类、酮类和其他化合物，并根据沸点范围定义了高挥发性有机化合物、挥发性有机化合物和半挥发性有机化合物。国际标准化组织发布的 ISO 4618/1：1998 标准和德国 DIN 55649—2000 标准对 VOCs 的定义是，在常温常压下，任何能挥发的有机液体和（或）固体。德国 DIN 55649 标准在测定 VOCs 含量时，进一步规定为在常压下沸点或初馏点低于或等于 250℃的任何有机化合物。

狭义来说，VOCs 通常指环境保护管理所关注的、会产生危害的那一类挥发性有机物。如美国国家环境保护局（EPA）定义挥发性有机物为除了 CO、CO_2、H_3CO_3、金属碳化物、金属碳酸盐和碳酸铵外，任何参加大气光化学反应的碳氢化合物。我国 HJ/T 400—2007 中定义挥发性有机组分是指利用 2,6- 二苯呋喃（Tenax）等吸附剂采集，并用极性指数小于 10 的气相色谱柱分离，保留时间在正己烷到正十六烷之间的具有挥发性化合物的总称。GB/T 27630—2011 中进行控制的挥发性有机物有苯、甲苯、二甲苯、乙苯、苯乙烯 5 种苯系化合物。

（2）醛酮组分

依据 HJ/T 400—2007 的规定，醛酮组分是指利用 HJ/T 400—2007 附录 C 中规定的方法能够测出的甲醛、乙醛、丙酮、丙烯醛、丙醛、丁烯醛、丁酮、丁醛、甲基丙烯醛、苯甲醛、戊醛、甲基苯甲醛、环已酮、已醛等化合物的总称。GB/T 27630—2011 中进行控制的醛酮组分有甲醛、乙醛、丙烯醛 3 种。

4. 气味的定义

（1）气味

由汽车零部件、整车内饰等散发到车内空气中，通过刺激人体的鼻腔嗅觉神经而在中枢神经中引起令人愉快或令人不愉快的嗅觉感受。

（2）气味样品

从测试腔室中采集车（室）内空气样品到容器中，并评价其气味，采样袋可作为容器的一种。

第二章 《车内挥发性有机物和醛酮类物质采样测定方法》介绍

一、概述

1. 背景情况

为贯彻《中华人民共和国环境保护法》，防治车内空气污染，改善车内环境质量，国家环境保护总局科技标准司组织制订了《车内挥发性有机物和醛酮类物质采样测定方法》（HJ/T 400—2007）。标准规定了测量机动车乘员舱内挥发性有机物和醛酮类物质的采样点设置、采样环境条件技术要求、采样方法和设备、相应的测量方法和设备、数据处理、质量保证等内容。

本标准由国家环境保护总局科技标准司提出，由国家环境保护总局于 2007 年 12 月 7 日发布。本标准为首次制定，为指导性标准。

2. 适用范围

本标准规定了测量机动车乘员舱内挥发性有机物和醛酮类物质的采样点设置、采样环境条件技术要求、采样方法和设备、相应的测量方法和设备、数据处理、质量保证等内容。

本标准适用于车辆静止状态下，车内挥发性有机物和醛酮类物质的采样与测量。

3. 实施时间

本标准自 2008 年 3 月 1 日起实施。

4. 标准构成

本标准文本包括正文和附录。正文有 6 个章节，包括适用范围、规范性引用文件、术语和定义、采样、分析、质量保证和控制。作为对标准正文的技术内容的详细补充，本标准有 4 个附录，其中有 3 个规范性附录和 1 个资料性附录，分别为附录 A　采样环境舱、附录 B　挥发性有机组分测定方法、附录 C　醛酮组分测定方法、附录 D　车内挥发性有机物和醛酮类物质采样原始记录表。

二、采样要求

1. 采样点设置

采样点设置应能正确反映车内空气污染状况。采样点的数量按受检车辆乘员舱内有效容积大小和受检车辆具体情况而定（表 2-1），采样点的高度应与驾乘人员呼吸带高度相一致。

表 2-1　不同类型车辆采样点数量和位置

序号	车类型	采样点数量 / 个	采样点位置
1	M_1	1	前排座椅头枕连线的中点（可滑动的前排座椅应滑到滑轨的最后位置点）
2	M_2	不少于 2	沿车厢中轴线均匀布置
3	M_3	不少于 3（当 M_3 类车辆为双层或铰接客车时，测量点为 6 个）	沿车厢中轴线均匀布置
4	N	1	前排驾驶舱内座椅头枕连线的中点

2. 采样环境条件技术要求

实施采样时，在本标准规定的环境条件下（表 2-2），受检车辆处于静止状态，车辆的门、窗、乘员舱进风口风门、发动机和所有其他设备（如空调）均处于关闭状态。

表 2-2　受检车辆所在的采样环境条件

序号	项目	要求
1	环境温度	25.0℃ ±1.0℃
2	环境相对湿度	50%±10%
3	环境气流速度	≤ 0.3m/s
4	环境污染物背景浓度值	甲苯≤ 0.02mg/m^3 甲醛≤ 0.02mg/m^3

3. 采样方法和采样设备

采样装置包括采样环境舱和样品采集系统。

（1）采样方法

首先，按图 2-1 的要求安装好样品采集系统。样品采集系统一般由受检车辆、采样导管、填充柱采样管（吸附管）、恒流气体采样器等组成。采样导管进气口固定在受检车辆内，出气口与乘员舱外的填充柱采样管（吸附管）连接，填充柱采样管（吸附管）末端与恒流气体采样器连接。

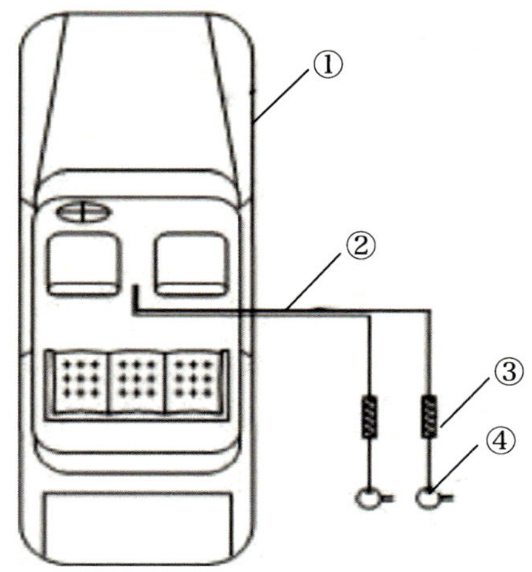

①受检车辆； ②采样导管；③填充柱采样管（吸附管） 示意图； ④恒流气体采样器

图 2-1 样品采集系统

然后，在标准规定的环境条件下，开启恒流气体采样器，按照表 2-3 规定的采样流量和时间要求进行采样。采集气体总体积应不大于车内总容积的 5%。须准确记录采样体积。

表 2-3 采样流量和时间要求

序号	项目	采样流量 /（ml/min）	采样时间 /min
1	采集挥发性有机组分	100 ～ 200	30
2	采集醛酮组分	100 ～ 500	30

此外，在对车内空气进行样品采集时，应对采样环境舱中的空气进行样品采集。采样点位置应在距离受检车辆外表面不超过 0.5m 的空间范围内，高度与车内采样点位置相当。

（2）采样设备

1）采样环境舱

采样环境舱一般由主体舱室、空调系统等构成。采样环境舱至少在距离受检车辆外表面不超过 0.5m 的空间范围内能够满足本标准规定的采样环境条件要求，并在整个采样过程中保持。

采样环境舱具有完整的围护结构，舱体内表面材料和舱内放置物品，应避免挥发出影响环境污染物背景浓度值的物质。宜采取技术措施降低气流对受检车辆车厢内外空气交换的影响。

空调系统在 25℃时的控制精度 <±1.0℃；在相对湿度 50% 时的控制精度 <±10%。舱内设不少于 2 个温、湿度监测点，其中至少有 1 个监测点位于距离受检车辆外表面不超过 0.5m 的空间范围内。

采样环境舱可对环境条件进行连续监测。在线监测设施应具有数据存储功能，环境污染物监测可采用在线质谱、氢火焰离子化检测器的气相色谱等装置对挥发性有机组分实施监测。监测点位置应在距离受检车辆外表面不超过 0.5m 的空间范围内，高度与车内采样点位置相当。

2）填充柱采样管（吸附管）

填充柱采样管（吸附管）分别选用具有吸附挥发性有机组分功能和吸附醛酮类物质功能的采样管（吸附管）。采样管（吸附管）外管通常为不锈钢管、玻璃管、内衬玻璃不锈钢管或熔融硅不锈钢管，一般外径为 6mm，内部装有 200mg 左右的固体吸附材料。吸附挥发性有机组分的采样管一般装填 Tenax 或其他有同等功能的吸附材料。吸附醛酮类物质功能的采样管（吸附管）装填涂渍 2,4–二硝基苯肼（DNPH）硅胶的材料。HJ/T 400—2007 标准附录 B 和附录 C 对采样管（吸附管）进行了详细的技术规定。

三、测量方法和设备

1. 挥发性有机组分测量

车内空气污染物中挥发性有机组分的测定采用热脱附/毛细管气相色谱－质谱联用的方法，即用干燥的惰性气体吹扫采样管后经二级脱附进入毛细管气相色谱－质谱联用仪，进行定性定量分析。本标准附录B对测定过程中需使用的试剂和材料、仪器和设备、样品预处理方法、分析仪样品分析、结果计算方法、质量保证和控制要求等进行了详细规定。

2. 醛酮组分测量

车内空气污染物中醛酮组分的测定采用固相吸附/高效液相色谱法。采样管中采集醛酮组分在强酸作为催化剂的条件下与涂渍于硅胶上的DNPH反应，生成稳定有颜色的腙类衍生物，使用高效液相色谱仪的紫外或二极管阵列检测器检测，样品中不同醛酮类物质生成的腙类衍生物出峰的保留时间用以进行定性分析，峰面积或峰高用以进行定量分析。具体按本标准附录C的规定执行。

四、数据处理

测量时，按照相同的操作步骤和分析条件，用质谱分析仪或液相色谱分析仪进行分析，分别进行绘制校准曲线的测试和采样管样品的测试，得到采样后的采样管和空白采样管中物质的质量，结合采样体积数据和环境条件数据，得到标准状态下分析样品的浓度。车内空气污染物浓度值是挥发性有机组分测量值扣除空白值。

结果计算应符合以下要求：

1）应对沸点范围在 50 ～ 260℃且浓度水平大于 5μg/m^3 的所有有机组分进行定性分析。

2）根据单一的校准曲线，对尽可能多的挥发性有机组分进行定量，至少应对 25 个最高峰进行定量，同时对规定的特殊物质进行定量，得到挥发性有机组分测量值。

3）若要计算没有单一校准曲线的挥发性有机组分测量值，选用甲苯的响应系数来计算。

五、质量保证

本标准从仪器设备控制、空白样和平行样采集、采样环境监测和采样体积校正等几方面提出了质量保证要求。

1. 仪器设备

仪器设备应符合国家有关标准的技术要求，及时校准和标定，通过计量检定并在有效期内。采样前应对采样系统气密性进行检查，不得漏气。流量校准每次采样前要使用一级流量计（如一级皂膜流量计），在采样负载条件下校准采样系统的采样流量。采样导管在必要时应进行清洗或更换。

2. 空白样和平行样

每次采样时应至少留有 2 个采样管作为空白，并同其他采样管一样处理，作为采样过程中的现场空白样，采样结束后和其他采样管一并送交实验室。样品分析时，测定现场空白样的浓度值，并与校准曲线的零浓度值进行比较。若异常，则这批样品作废。

进行平行采样，保证不少于 2 个平行样品，测定值之差与算术平均值比较的相对偏差不得超过 20%。

3. 采样环境监测

（1）监测对象

采样环境监测对象为受检车辆所在的采样环境条件数据，包括环境温度、环境相对湿度、环境气流速度、大气压力、环境空气中规定的单一污染物浓度（目前暂监测环境空气中的甲醛、甲苯）。

（2）监测频率

在整个准备阶段过程的最后 4h 内，至少应选择在阶段中期采集舱内数据 1 次或采用在线监测设施对舱内环境条件进行连续监测。

整个封闭阶段过程中，至少应选择在阶段中期采集舱内数据 1 次或采用在线监测设施对舱内环境条件进行连续监测。

（3）监测点位置

至少设置 1 个环境温度、相对湿度、污染物背景浓度监测点，位置应在距离受检车辆不超过 0.5m 的空间范围内，高度与车内采样点位置相当。

试验开始前环境气流速度监测点至少设置 5 个，稳定后至少设置 1 个。位置应在受检车辆的前部、顶部、后部、左侧、右侧距离车身外表面不超过 0.5m 的空间范围内。

第三章 《乘用车内空气质量评价指南》介绍

一、概述

1. 背景情况

为贯彻《中华人民共和国环境保护法》，保障人体健康，促进技术进步，环境保护部科技标准司组织制定了《乘用车内空气质量评价指南》（GB/T 27630—2011）。

本标准由环境保护部于 2011 年 10 月 14 日批准。本标准为首次发布。

2. 实施时间

本标准自 2012 年 3 月 1 日起实施。

3. 适用范围

本标准规定了车内空气中苯、甲苯、二甲苯、乙苯、苯乙烯、甲醛、乙醛、丙烯醛的浓度要求。

本标准适用于评价乘用车内空气质量。

本标准主要适用于销售的新生产汽车，使用中的车辆也可参照使用。

4. 标准构成

本标准正文包括 5 章内容：适用范围、规范性引用文件、术语和定义、技术要求、检验方法。本标准没有附录。

二、限值要求

本标准规定车内空气中有机物浓度执行表 3-1 规定的要求。

表 3-1 车内空气中有机物浓度要求

序号	项目	浓度要求 /（mg/m^3）
1	苯	≤ 0.11
2	甲苯	≤ 1.10
3	二甲苯	≤ 1.50
4	乙苯	≤ 1.50
5	苯乙烯	≤ 0.26
6	甲醛	≤ 0.10
7	乙醛	≤ 0.05
8	丙烯醛	≤ 0.05

三、测试要求

1. 采样

实施采样时，在 HJ/T 400—2007 规定的环境条件下，受检车辆处于静止状态，车辆门、窗和乘员舱进风口风门均处于关闭状态，发动机和空调等设备不工作。

2. 有机物的浓度检测

本标准规定车内空气中有机物的浓度检测应按 HJ/T 400—2007 的规定进行。

3. 其他

对可能影响检测结果的其他条件（如汽车出厂时的内饰状态改变与否、出厂与检测的间隔时间等），可由相关方协商。

第四章 《乘用车——车内空气质量测量及气味评价方法》介绍

一、概述

1. 背景情况

现行国家标准《乘用车内空气质量评价指南》(GB/T 27630—2011)经过多年实施，对汽车生产企业改善车内空气质量起到了积极作用。但随着车内污染控制技术的提升和驾乘人员对车内空气质量进一步改善的迫切需求，由中国汽车工业协会提出，标准编制团队制定了《乘用车——车内空气质量测量及气味评价方法》(T/CAAMTB 143—2023)。本团体标准作为国家标准GB/T 27630—2011的补充，综合考虑车辆在停泊高温暴晒、行驶状况下的车内污染问题，制定出符合用户体验的车内污染物测量方法和控制标准，同时制定出车内气味主观评价标准，更贴近用户实际体验。

本标准由中国汽车工业协会于2023年9月6日发布。

2. 实施时间

本标准自2023年9月30日起实施。

3. 适用范围

本标准规定了乘用车乘员舱内挥发性有机物和醛酮类物质的试验设备、采样及分析原理、标准测试过程、车内污染物限值和计算、气味评价试验流程、测试报告及质量控制等内容。

其他种类客车和货车车内空气的测量和评价，可参照本标准执行。

4. 标准构成

本标准正文包括 10 个方面内容，分别为范围、规范性引用文件、术语和定义、试验设备、车内空气采样和分析原理、标准测试程序、车内污染物限值和结果计算、气味评价实验流程、测试报告、质量控制。本标准有 9 个附录，全部为资料性附录（表 4-1）。

表 4-1　标准正文及附录

正文序号	正文标题	附录编号	附录标题
1	范围	附录 A	整车试验室
2	规范性引用文件	附录 B	停车模式的温度测量点
3	术语和定义	附录 C	测试报告
4	试验设备	附录 D	一种车内气味采样评价装置
5	车内空气采样和分析原理	附录 E	气味强度评价

续

正文序号	正文标题	附录编号	附录标题
6	标准测试程序	附录 F	气味类型及愉悦度评价
7	车内污染物限值和结果计算	附录 G	气味评价员的选择（嗅辨液法）
8	气味评价实验流程	附录 H	气味评价员的选择（嗅辨棒法）
9	测试报告	附录 I	气味测试报告
10	质量控制		

二、车内污染物限值和气味评价指标

1. 车内污染物排放限值和结果计算

车内污染物排放限值对 3 种模式（环境模式、停车模式和行驶模式）下的排放污染物进行综合控制。应对 3 种模式下的试验结果进行加权计算，加权计算后的各种污染物结果应小于表 4-2 中规定的排放限值。各种模式下试验结果的加权系数见表 4-3。

表 4-2 车内污染物排放限值

序号	控制物质	限值 /（mg/m^3）
1	苯	0.11
2	甲醛	0.10

续

序号	控制物质	限值 / （mg/m^3）
3	甲苯	1.10
4	二甲苯	1.50
5	乙苯	1.50
6	苯乙烯	0.26
7	乙醛	0.05
8	丙烯醛	0.05

表 4-3　各种模式下试验结果的加权系数

序号	试验模式	加权系数
1	环境模式	0.30
2	停车模式	0.20
3	行驶模式	0.50

2. 气味评价

（1）气味强度等级

本标准基于强度等级递增的原则（主要基于 VDA 270 标准），将气味分 6 个等级，允许分半等级（表 4-4），气味评价小组根据表 4-4 进行气味强度等级评价。

表 4-4 气味强度等级评价

等级	气味强度	半级标准
1	不可察觉	—
1.5	—	介于 1 ～ 2 级
2	轻微可察觉气味	—
2.5	—	介于 2 ～ 3 级
3	明显可察觉气味	—
3.5	—	介于 3 ～ 4 级
4	有干扰性气味	—
4.5	—	介于 4 ～ 5 级
5	有强烈干扰气味	—
5.5	—	介于 5 ～ 6 级
6	不可忍受气味	—

注：气味评价以气味小组成员评价结果的算术平均值为准，并修约至最近半级。

若小组成员的个人气味评价值与平均值相差超过±1，则应去掉该成员评价结果，重新计算平均值。如果小组中有超过一名成员出现此情况，则应由其他组重新进行评价。

（2）气味类型

本标准给出了汽车内饰比较典型的气味类型和对应的气味标准液体（简称“标液”），见表 4-5。每种气味类型可有一个或几个气味标液进行对应。

表 4-5 汽车内饰气味类型和对应标液

类型	标液	CAS 号	浓度 /%（乙醇溶剂）
氨味	三甲胺	75-50-3	0.1
硫黄味	二甲基硫醚	75-18-3	0.01
腐臭味	丁酸	107-92-6	0.01
油脂味	癸二烯醛	25152-84-5	0.01
	十一烷醛	25152-84-5	0.1
酸味	乙酸	64-19-7	1
溶剂味	乙酸乙酯	141-78-6	5
	苯乙烯	100-42-5	0.05
水果味	丁酸乙酯	97-62-1	5
甜味	苯甲醛	100-52-7	0.9
	丁位癸内酯	705-86-2	1
	乙基麦芽酚	4940-11-8	0.5
木头味	乙酸雪松酯	77-54-3	5
腐烂味	土臭素	16423-19-1	0.001
	IBQ	65442-31-1	0.1
粪便味	甲吲哚	83-34-1	0.001
烧焦味	MCP	80-71-7	0.05
	乙酰基吡嗪	22047-25-2	0.05
酚醛味	邻甲氧基苯酚	90-05-01	1
氯味	次氯酸钠	7681-52-9	0.01
橡胶味	苯并噻唑	95-16-9	0.1

（3）气味愉悦度

通过以下描述完成气味愉悦度的评价：

——非常愉快

——稍微令人愉快

——中立

——轻微不舒服

——非常不愉快

注：此评价是主观的，并取决于评价小组成员的感受。

三、污染物排放试验

1. 试验设备

受试车辆应在本标准规定的试验环境条件下进行环境模拟，通常为环境舱。通过采样系统将车内排放的VOCs和醛酮组分采集到采样管中（图4-1），然后用符合HJ/T 400—2007附录B（VOCs）和附录C（醛酮组分）要求的分析设备测定VOCs和醛酮组分的排放量。

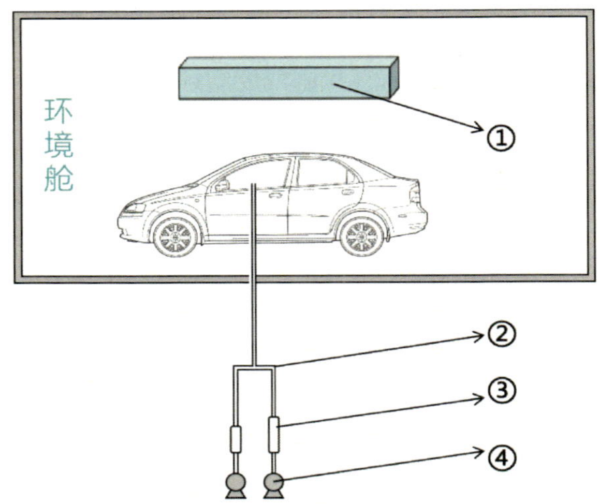

① 阳光模拟装置； ② 采样导管； ③ 采样管； ④ 采样泵

图 4-1 车内污染物试验环境舱和采样系统

标准对环境舱、阳光模拟装置、采样装置、受试车辆等的技术要求进行了详细规定。

2. 试验流程和要求

车内污染物排放试验有 5 个阶段，分别为预平衡、3 个模式（环境模式、停车模式和行驶模式）下的测试、样品分析。预平衡主要用于温度平衡，将车辆静置于 20 ～ 30℃的场所内，关闭车门 24h。接下来进行的 3 个模式的测试，则分别模拟了车辆不同的运行情况和所处的各类环境条件，从而尽量接近车辆实际使用情况。表 4-6 列出了预平衡和采样试验的主要技术要求。

表 4-6 预平衡和采样试验的主要技术要求

<table>
<tr><td>试验阶段</td><td>1</td><td colspan="4">2</td><td colspan="2">3</td><td>4</td></tr>
<tr><td>模式</td><td>预平衡</td><td colspan="4">环境模式</td><td colspan="2">停车模式</td><td>行驶模式</td></tr>
<tr><td>阶段</td><td>温度预平衡</td><td>采样</td><td>敞开</td><td>封闭</td><td>采样</td><td>光照</td><td>采样</td><td>采样</td></tr>
<tr><td>持续时间</td><td>24h</td><td>30min</td><td>30 ～ 60min</td><td>16h±1h</td><td>30min</td><td>4h</td><td>30min</td><td>30min</td></tr>
<tr><td>开始时间</td><td>0:00</td><td>24:00</td><td>24:30</td><td>25:00</td><td>41:00</td><td>41:30</td><td>45:30</td><td>46:00</td></tr>
<tr><td>环境舱内温度</td><td>20 ～ 30℃</td><td colspan="4">25℃ ±1℃</td><td colspan="3">尽可能接近 25℃</td></tr>
<tr><td>环境舱内湿度</td><td colspan="5">50%±10%RH</td><td colspan="3">尽可能接近 50%RH</td></tr>
<tr><td>阳光模拟装置</td><td colspan="5">OFF</td><td colspan="3">ON:400W/m^2±50W/m^2</td></tr>
<tr><td>车龄</td><td colspan="8">28d±5d 且里程数不足 80km</td></tr>
<tr><td>车门状态</td><td colspan="2">关</td><td>开</td><td colspan="4">关</td><td>开启 < 1min</td></tr>
<tr><td>车窗状态</td><td colspan="8">关</td></tr>
<tr><td>发动机</td><td colspan="7">关</td><td>开</td></tr>
<tr><td>空调状态</td><td colspan="7">关</td><td>开</td></tr>
<tr><td>空调模式</td><td colspan="7">关</td><td>自动或吹脸模式</td></tr>
<tr><td>风扇</td><td colspan="7">关</td><td>自动或最高</td></tr>
<tr><td>温度设置</td><td colspan="7">关</td><td>23℃或更低，但不开启空调最大制冷能力（MAXAC）</td></tr>
</table>

在开始行驶模式取样之前，安装4个Tenax采样管和4个DNPH采样管，然后吹扫不连通体积。打开车门，起动发动机，在60s内打开空调（如果为自动空调，则为23°C，如果为半自动和手动空调系统，则为最低温度挡运行；对于没有自动气候系统的车辆，将风扇设置为新风通风的最大性能模式）。同时打开8个采样装置组的泵，其中4个用于VOCs（含2个环境舱背景），4个用于醛酮类（含2个环境舱背景），各自进行平行采样。行驶模式的采样时长、采样流量与环境模式设置相同。

样品分析过程参考《车内挥发性有机物和醛酮类物质采样测定方法》（HJ/T 400—2007）附录B和附录C，使用热脱附/气相色谱－质谱联用仪分析车内空气中的苯、甲苯、乙苯、二甲苯、苯乙烯含量，以及使用高效液相色谱分析车内空气中甲醛、乙醛、丙烯醛含量。

四、车内气味试验

1. 气味测定设备

气味测定应使用采样袋和气体采样装置，从受试车辆内部空气中采集用于气味评价的车内空气样品，由气味评价小组在专门的气味评价室中，使用气味评价装置进行气味评估。

对于采样和评价设备，本标准规定了采样袋材质和尺寸等要求，提出了气体采样装置的工作原理、结构和性能要求。规定了气味评价装置的工作原理、结构和性能要求。

对于气味评价小组，明确了应至少由 5 名气味评价员和 1 名评价组组长组成，评价组组长不可参与气味评价工作。标准规定实验室应制定一套用于确保和跟踪评价成员评价能力的程序，按照本标准要求进行气味评价员的筛选。提出了气味训练及评价过程中成员的行为准则，以提高评价的可靠性，降低相互影响，并提出了评价成员持续能力考核的要求。

2. 试验流程和要求

（1）采样流程

车内气味评价分别在“环境模式”阶段结束后和“停车模式”阶段结束后进行。第一个气味样本在“环境模式”结束后，开启“停车模式”前，采集 VOCs 和醛酮组分后进行；第二个气味样本在“停车模式”结束后，“行驶模式”前，采集 VOCs 和醛酮组分后进行。

对于整车 VOCs 环境舱背景气味，需进行三次评价，舱背景气味评价由气味评价员直接进行，无须采样。第一次舱背景气味评价在整车测试舱环境达到 25℃ ±1℃及 50%±10%RH 时进行；第二次舱背景气味评价在采集第一个车内气味样本前进行；第三次舱背景气味评价在采集第二个车内气味样本前进行。

（2）评价流程

在进行气味评价前，气味评价员应提前 5min 进入气味评价室。气味样本在采集后应尽快进行评价，如未及时进行评价，也应在 24h 以内进行评价。每个气味样本需要至少 5 名气味评价员进行评价。

评价组组长事先制备无臭空气袋，并将收集有气体样品的气味采样袋储存在 25℃ ±1℃环境下，由气味评价员进行评价。评价时，评价员依次到达气味样本处进行评价，评价时需先吸入无臭空气，再吸入气味样本，无臭空气和气味样本吸入时间均在 3 ～ 5s。对于气味样本的各类评价（强度等级、气味特性等），每个小组成员都应闻两次气味，第一次吸入气体，进行评价，第二次吸入气体，对之前的评价结果进行确定和调整。每次气味评价，每个小组成员最终只提供一个评价结果。

第五章 《长途客车内空气质量要求及检测方法》介绍

一、概述

1. 背景情况

《长途客车内空气质量要求》(GB/T 17729—2009) 和《长途客车内空气质量检测方法》(GB/T 28370—2012) 由交通运输部提出和归口管理，分别规定了长途客车内空气质量的限值要求、检测方法和测试结果评价方法。这两个标准作为交通行业管理部门的运输车辆评价标准，在过去十多年的实施过程中，对提升长途客车车内空气质量、保护人民身体健康起到了积极作用。

为进一步改善长途客车车内环境，更加科学、规范地开展检测工作，经过 3 年的研究编制，《长途客车内空气质量要求及检测方法》(GB/T 17729—2023) 于 2023 年发布。本标准一是针对 GB/T 17729—2009 修订了车内挥发性有机物和醛酮类物质限值，增加菌落总数的限值要求；二是修订并合并了 GB/T 28370—2012 内容，主要修订内容是加严了试验中温、湿度控制条件，在分析方法方面改为与国内外相关标准一致，更好地保障测试结果的一致性和公平性。

本标准于2023年3月17日由国家市场监督管理总局、国家标准化管理委员会发布。

2. 实施时间

本标准自2023年10月1日起实施。

3. 适用范围

本标准规定了长途客车新车内挥发性有机物和醛酮类化合物限值及检测方法，在用长途客车车内空气主要成分限值及检测方法。

本标准适用于M_2、M_3类中的B级和Ⅲ级客车，其他型式客车参照使用。

4. 标准构成

本标准正文包括6个方面内容，分别为范围、规范性引用文件、术语和定义、长途客车新车内挥发性有机物和醛酮类化合物的限值、在用长途客车内空气主要成分的限值、长途客车内空气质量检测方法。本标准没有附录。

二、车内污染物限值

1. 长途客车新车内挥发性有机物和醛酮类化合物等的限值

表5-1给出了长途客车新车内挥发性有机物、醛酮类

化合物和总挥发性有机物等污染物限值。

表 5-1 长途客车新车内污染物限值

项目	限值 /（mg/m³）
甲醛	≤ 0.10
甲苯	≤ 0.20
二甲苯	≤ 0.22
TVOC	≤ 1.98

2. 在用长途客车内空气主要成分的限值

表 5-2 规定了在用长途客车内空气主要成分的限值。

表 5-2 在用长途客车内空气主要成分限值

项目	限值	单位
氧	≥ 20	%
二氧化碳	≤ 0.10	%
一氧化碳	≤ 10	mg/m³
菌落总数	≤ 4 000	CFU/m³

三、车内空气质量检测方法

1. 长途客车新车内挥发性有机物和醛酮类化合物等的测定

长途客车新车内挥发性有机物、醛酮类化合物和总挥发性有机物等污染物的测定包括准备阶段、样车封闭阶段、车内空气采样阶段和样品分析阶段等4个阶段，本标准对受检车辆的采样装置、采样条件、测定分析和结果处理、质量保证和控制等均提出了详细的技术要求。以下对主要内容进行简要介绍。

（1）采样装置

长途客车新车内挥发性有机物、醛酮类化合物和总挥发性有机物等污染物的采样在环境舱内进行。样品采集装置主要由采样导管、填充柱采样管、恒流气体采样器等组成（图5-1）。

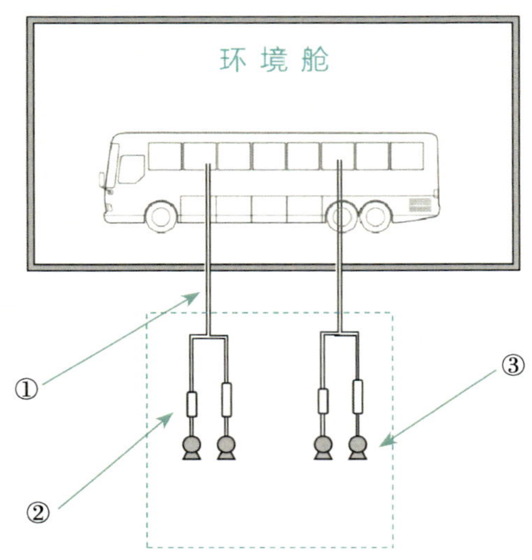

①采样导管；②填充柱采样管；③恒流气体采样器

图5-1 采样装置示意图

（2）采样条件

1）采样环境的要求

受检车辆所处的采样环境应满足下列条件：

①环境温度：25.0℃ ±1.0℃。

②环境相对湿度：（50±10）%。

③环境气流速度：不大于 0.3m/s。

④环境舱中的背景浓度：单一种类的挥发性有机物和醛酮类化合物不大于 0.02mg/m^3；总挥发性有机物（TVOC）不大于 0.2mg/m^3。

2）采样点的设置、采样流量及时间

车内采样点的数量按受检车辆乘员舱内有效容积大小和受检车辆具体情况而定，应能正确反映车内空气质量状况。采样点的布置应满足以下要求：

①车长 9m 及以下车辆的测量点至少为 2 个，沿车厢纵向中心线均匀布置；

②车长 9m 以上车辆的测量点至少为 3 个，沿车厢纵向中心线均匀布置；

③采样点的高度距车内地板平面高度 1.2m±0.1m。

采样时应将填充柱采样管分别安装在样品采集装置上，使用恒流气体采样器进行样品采集。在采集挥发性有机物时，采样流量为 100 ～ 200ml/min，采样时间为 30min；在采集醛酮类化合物时，采样流量为

100 ～ 500ml/min，采样时间为 30min，并准确记录。

3）采样流程

在预处理阶段，将受检车辆放入采样环境舱内，去除用于临时防护车内部构件的表面覆盖物，如座椅、内饰件的保护膜等。将受检车辆的门窗完全打开，使受检车辆内部充分与外部空气流通。布置车内采样点。预处理阶段中的受检车辆应保持静止状态（发动机和空调等均处于关闭状态）。对受检车辆内部采样点位置温度进行监控，待温度达到（25.0±1.0）℃后，进入受检车辆封闭阶段。

样车封闭阶段中，受检车辆可通过适当的方式（如外接电源）开启空气净化装置（内循环），但空气净化装置的开启不应影响车辆静止状态。受检车辆封闭阶段的样品采集按以下程序进行：

①在受检车辆保持密封状态 2h 后采集一次环境舱内空气，并对采集的样品进行分析，确保环境舱背景浓度满足采样环境要求的规定。

②受检车辆保持密封状态 4h 后开始采集车内空气样本。整个封闭阶段受检车辆所在环境舱的温度、相对湿度、气流速度应符合采样环境要求的规定。

若环境舱内空气测试结果不满足采样环境要求中对背景浓度的要求，则本次试验结果无效，在 3d 内重新安排受检车辆进行试验。

采样后的采样管应使用密封帽将管口封闭，并用锡纸或铝箔将采样管包严，低温(小于4℃)保存与运输，保存时间不应超过30d。

（3）测定分析和结果处理

挥发性有机物的测定按照HJ/T 400—2007中附录B规定的测定方法进行。

醛酮类化合物的测定按照HJ/T 400—2007中附录C规定的测定方法进行。

TVOC包括总离子流图(TIC)中从正己烷到正十六烷之间的所有化合物的量值。计算标准曲线中已鉴定和定量的挥发性有机物浓度(S_{id})，用甲苯的响应系数计算未鉴定的挥发性有机物中前25个最大峰的浓度（S_{un}）、S_{id}与S_{un}之和为TVOC的浓度。

最终的测试结果为所有采样点测试结果的算术平均值。

（4）质量保证和控制

本标准对分析仪器校准和标定、采样系统气密性和流量校准、空白样与平行样检验、受检车辆复检和采样体积校正等质量保证和控制措施提出了详细的规范化要求。

2. 在用长途客车内空气主要成分的测定

（1）检测设备

在用长途客车内空气中氧气、一氧化碳和二氧化碳成分的检测，采用便携泵吸式气体检测仪进行。标准中提出了气体检测仪的技术要求。

（2）检测方法

标准规定，在怠速状态和行驶状态两种车辆运行工况下，进行车内空气检测。

1）怠速状态

在受检车辆内布置好车内采样点，然后开启发动机（禁止打开空调系统和空气净化装置），关闭车窗、车门，车辆保持怠速状态 0.5h 后，用便携泵吸式气体检测仪对受检车辆内一氧化碳进行测试，测试结果取平均值。

2）行驶状态

受检车辆满载额定乘员行驶（可开启空气净化功能或通风换气功能）0.5h 后，车辆继续保持行驶状态，在设置的各采样点位置测量氧气、一氧化碳、二氧化碳的含量，测试结果取平均值。

3. 在用长途客车内菌落总数的测定

（1）菌落采样

首先，制备营养琼脂培养基，成分包括蛋白胨 20g、牛肉浸膏 3g、氯化钠 5g、琼脂 15 ～ 20g、蒸馏水 1 000ml。

受检车辆采样前应关闭车辆门窗，起动发动机，将空调开至最大风速模式，并开启空气净化装置（若有），受检车辆处于空载、怠速状态，待受检车辆内温度达到20～30℃，即开始使用消毒后的采样器，布置好采样点，按仪器使用说明进行采样，采样量为30～150 L。可根据所用仪器性能和车内空气微生物污染程度，酌情增加或减少空气采样量。

（2）菌落总数的测定和结果计算

采样完成后，将带菌营养琼脂平板放入（36±1）℃恒温箱中，培养48h，然后对菌落总数进行计数。

计算测定结果时，应根据采样器的流量和采样时间，换算成每立方米空气中的菌落数（CFU/m^3）。

第六章　其他车内空气质量相关评价方法

一、中国汽车健康指数

1. 概况

中国汽车健康指数（C-AHI）是中国汽车工程研究院股份有限公司在国际交通医学会的指导下，广泛听取行业及消费者意见，研究并制定的一个可客观衡量汽车健康质量的测试与评价体系，当前最新版规程是2023版，涉及标准包括《清新空气指数　车内空气质量测试评价规程》（CAHI-SM-CAI.VAQ-A0-2023）、《清新空气指数　车内颗粒物测试评价规程》（CAHI-SM-CAI.VPM-A0-2023）、《健康防护指数　车内致敏物风险测试评价规程》（CAHI-SM-HPI.VAR-A0-2023）、《健康防护指数　车内抗菌防霉测试评价规程》（CAHI-SM-HPI.VAA-A0-2023）、《健康防护指数　车辆电磁辐射测试评价规程》（CAHI-SM-HPI.EMR-A0-2023）、《绿色出行指数　测试评价规程》（CAHI-SM-EEI-A0-2023）等。

2017—2023年，中国汽车健康指数已对外发布100

余款车型测评结果，加上内部研究性评价，共计评价了400余款车型。

2. 测评框架

中国汽车健康指数测评体系由清新空气、健康防护、绿色出行3个评价指标组成。清新空气包括空气质量和颗粒净化；健康防护包括致敏风险、抗菌防霉、电磁辐射；绿色出行包括低碳节能、续航保持等。中国汽车健康指数测试评价规程框架如图6-1所示，其中与车内空气质量密切相关的是清新空气板块，本章将重点介绍清新空气相关内容。

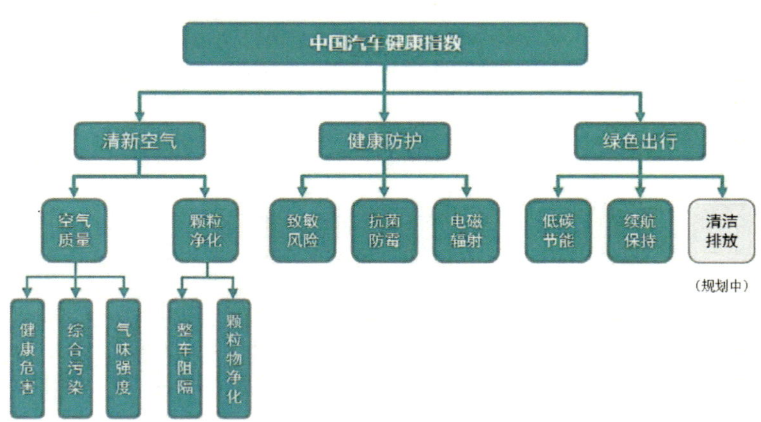

图6-1　中国汽车健康指数测试评价规程框架

3. 清新空气指数整体规程介绍

清新空气指数包括空气质量和颗粒净化，满分均为100分，按照空气质量权重60%、颗粒净化权重40%计算清新空气指数得分。清新空气指数整体评价以星级形式展现，评价车型获得60分（含）～70分（不含），评价结果为1星级；评价车型获得70分（含）～80分（不含），评价结果为2星级；评价车型获得80分（含）～85分（不含），评价结果为3星级；评价车型获得85分（含）～90分（不含），评价结果为4星级；评价车型获得90分（含）～100分（含），评价结果为5星级，见表6-1。

表6-1 清新空气指数整体评价

评价等级	得分区间（S）	评价标识
1星级	$60 \leqslant S < 70$	☆
2星级	$70 \leqslant S < 80$	☆☆
3星级	$80 \leqslant S < 85$	☆☆☆
4星级	$85 \leqslant S < 90$	☆☆☆☆
5星级	$90 \leqslant S \leqslant 100$	☆☆☆☆☆

4. 车内空气质量试验方法

车内空气质量试验方法参照《清新空气指数　车内空气质量测试评价规程》（CAHI-SM-CAI.VAQ-A0-2023）执行。整个试验过程分为5个阶段：第1阶段为常温下对车辆乘员舱内空气进行采样；第 2 阶段为常温下对车辆乘员舱内气味强度进行评价；第 3 阶段为利用阳光模拟系统，在光照下对车辆乘员舱内空气进行采样；第 4 阶段为光照下对车辆乘员舱内气味强度进行评价；第 5 阶段为在关闭阳光模拟系统、点燃发动机、启动空调和高温条件下对车辆乘员舱内空气进行采样。以上 5 个阶段的车内空气采样和车内气味强度评价均在 VOC 测试环境舱内进行。车内空气质量整体试验流程如图 6-2 所示。

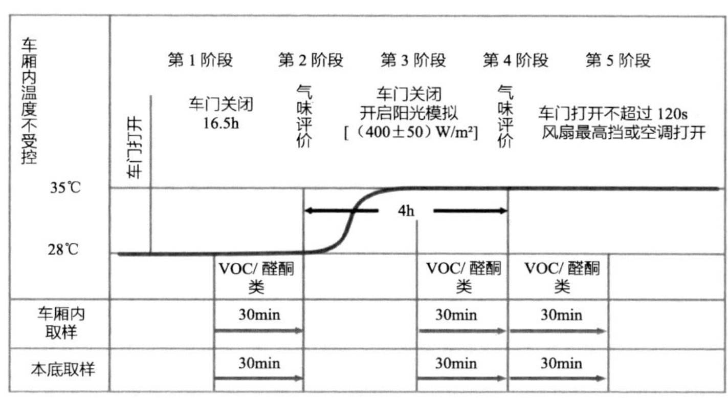

图 6-2　车内空气质量整体试验流程

（1）常温阶段车内空气采样

第 1 阶段、第 2 阶段分别为常温下车内空气中醛酮组分和挥发性有机化合物的采样和车内气味强度评价。常温阶段车内空气采样方法参考《车内 VOC 测试规程》

（CAHI-SM-VOCT-2018）中第 4.2.1 条执行，即在 VOC 测试环境舱外移除车辆内部构件表面覆盖物（如出厂时为保护座椅、地毯等而使用的塑料薄膜）后，将车辆推入环境舱中，车辆在舱内处于静止状态，车辆的门、窗、乘员舱进风口风门、发动机和所有其他设备（如空调）均处于关闭状态，且空调打至内循环挡。启动整车 VOC 测试环境舱，温度设置为 28℃，相对湿度设置为 50%。该阶段 VOC 测试环境舱需满足如下条件：

①环境温度：28℃ ±2℃ ；

②相对湿度：50 % ±10 %；

③风速：≤ 0.3 m/s；

④舱内污染物背景浓度值：甲苯、甲醛均≤ 0.02 mg/m^3。

选择前排座椅头枕连线的中点（可滑动的前排座椅应滑到滑轨的最后位置点）为采样点，采样点高度与驾乘人员呼吸带高度相一致。随即安装采样装置组，采样装置组包括金属固定装置、采样导管、采样管等。金属固定装置用于在前排座椅头枕处固定采样导管，采样导管选用聚四氟乙烯材料，导管末端采取密封措施，随后，对取样装置组进行泄漏检查。安装采样装置组的同时，需引入至少一个温度感应传输装置，用于测量采样点的空气温度。

样车在常温准备阶段、封闭阶段、采集阶段，样品管的运输及保存参照 HJ/T 400—2007 第 4.4 条和第 4.5 条执行。

（2）常温阶段车内气味评价

常温阶段采样结束后，进行常温下的车内气味强度评价。本评价体系按气味对人嗅觉器官的不同刺激程度从低到高分为 6 个等级（1 ～ 6 级），便于对气味评价结果进行量化。车内气味强度等级越高，表示刺激程度越强烈。

评价流程如下：3 名嗅辨员依次进入车内，分别坐在驾驶室、副驾驶室、后排座位对车内气味进行感官评价。嗅辨过程中任意两扇车门不能同时打开。例如，第一个嗅辨员从左前门进入车内，关闭车门；随后第二个嗅辨员从右前门进入车内，关闭车门；随后第三个嗅辨员从左后门进入车内，关闭车门。嗅辨员评价结束后，3 名嗅辨员依次下车，但车门不能同时打开。评价过程中为防止气流扰动，应控制车门开启程度尽量小。嗅辨员应当在进入车内 30s 内给出评价。

为保证整个评价过程的独立性、公正性、公平性，气味评价过程中，嗅辨员之间不得相互交流（如说话或手势暗示），嗅辨员在车内的总时长不得超过 2min。嗅辨员根据自身的感受对气味强度进行感官评价，以每 0.5 级为梯度，独立客观打出 1 ～ 6 级的任一分数。进行气味评价时，嗅辨员首先应判断出气味是否有干扰性，若无干扰性，则给出 1 ～ 3 级之间的分数；若有干扰性，则给出 4 ～ 6 级之间的分数。在嗅辨员明确确定车内气味等级时，应给出整数级别的评级，当遇到不确定应评价为高一级或低一级的情况时，可以打出 0.5 级。

（3）光照阶段车内空气采样

光照阶段车内空气采样方法参考 CAHI-SM-VOCT-2018 第 4.2.2 条执行。设定环境舱温度为 35℃，环境舱相对湿度设置为 50%。在光照 2h 后舱内环境需满足舱内温度 35℃ ±2℃，相对湿度 50%±10% ，风速和舱内背景污染物浓度与常温阶段环境要求相同。开启阳光模拟装置，将辐射密度传感器放置于车辆顶部，设置辐射密度为 400 W/m^2，保证辐射密度示值在（400±50）W/m^2 范围内，辐射面积至少需向车身每侧延伸 0.5 m 以上，阳光模拟装置对加热区域的照射角度为 90°，没有来自侧面的阳光辐射。为避免车辆顶部出现热点，阳光模拟装置距离车顶的距离需在 1.0m 以上。

选择前排座椅头枕连线的中点（可滑动的前排座椅应滑到滑轨的最后位置点）为采样点，采样点高度与驾乘人员呼吸带高度相一致。随即安装采样装置组，采样装置组包括金属固定装置、采样导管、采样管等。金属固定装置用于在前排座位头枕处固定采样导管，采样导管选用聚四氟乙烯材料，导管末端采取密封措施，随后，对取样装置组进行泄漏检查。安装采样装置组的同时，需引入至少一个温度感应传输装置，用于测量采样点的空气温度。

在光照准备阶段、封闭阶段、采集阶段，样品管的运输及保存参照 HJ/T 400—2007 中第 4.4 条和第 4.5 条执行；阳光模拟装置的技术要求参照 ISO 12219-1：2021 第 4.2 条执行；试验过程中阳光模拟装置的设置参照 ISO 12219-1：2021 第 7.3.2.1 条执行。

（4）光照阶段车内气味评价

光照阶段采样结束后，进行光照阶段的车内气味强度评价，阳光模拟系统在车内气味强度评价结束后关闭。3 名嗅辨员依次进入车内，分别坐在驾驶室、副驾驶室、后排座位对车内气味进行感官评价。嗅辨过程中任意两扇车门不能同时打开，例如，第一个嗅辨员从左前门进入车内，关闭车门；随后第二个嗅辨员从右前门进入车内，关闭车门；随后第三个嗅辨员从左后门进入车内，关闭车门。评价结束后，嗅辨员依次下车。评价过程中，车门不能同时打开。为防止气流扰动，应控制车门开启程度尽量小。嗅辨员应当在进入车内 30s 内给出独立评价，整个气味评价过程总时长不得超过 2min。

嗅辨员根据自己的感官评价，以每 0.5 级为梯度，独立客观打出 1 ～ 6 级的任一分数。在嗅辨员确定车内气味等级时，应给出整数级别的评级，当遇到不确定应评价为高一级或低一级的情况时，可以打出 0.5 级。

（5）通风阶段车内空气采样

点燃发动机，开启空调（空调设置参考 ISO 12219-1：2021 第 6.3 条执行），启用外循环模式。通风阶段车内空气采样方法参考 CAHI-SM-VOCT-2018 第 4.2.3 条执行。同时，环境舱内的试验人员将评价车辆排气尾管接入风机，启动尾气抽排系统，将发动机点火产生的尾气排至舱外，保证舱内环境仍然满足如下条件：

①环境温度：35℃ ±2℃；

②相对湿度：50 % ±10 %；

③风速：≤ 0.3 m/s；

④舱内污染物背景浓度值：甲苯、甲醛均≤ 0.02 mg/m^3。

选择前排座椅头枕连线的中点（可滑动的前排座椅应滑到滑轨的最后位置点）为采样点，采样点高度与驾乘人员呼吸带高度相一致。随即安装采样装置组，采样装置组包括金属固定装置、采样导管、采样管等。金属固定装置用于在前排座椅头枕处固定采样导管，采样导管选用聚四氟乙烯材料，导管末端采取密封措施，随后，对取样装置组进行泄漏检查。安装采样装置组的同时，需引入至少一个温度感应传输装置，用于测量采样点的空气温度。

样品在通风阶段的采集和采样管运输及保存参照 HJ/T 400—2007 第 4.4 条和第 4.5 条执行。

（6）化学分析

车内空气中苯、甲苯、乙苯、二甲苯、苯乙烯、TVOC 的分析按照 HJ/T 400—2007 附录 B 执行，TVOC 的计算按照 GB/T 17729—2023 第 6.1.10.3 条执行。车内空气中甲醛、乙醛、丙烯醛的分析按照 HJ/T 400—2007 附录 C 执行。

5. 空气质量评价方法

（1）权重分布

“清新空气指数”中“空气质量”满分为 100 分，其中，车内醛酮组分和挥发性有机化合物满分为 70 分，由健康危害、综合污染和车内 TVOC 3 个指标组成。车内气味（VOI）满分为 30 分，由常温阶段车内气味强度和光照阶段车内气味强度组成。空气质量评价项目与权重分布见表 6-2。

表 6-2　空气质量评价项目与权重表

实验阶段		评价项目		评价指标	
名称	权重	名称	权重	名称	权重
常温阶段	50	车内醛酮组分和挥发性有机物	30	健康危害（甲醛）	5
				健康危害（苯）	5
				综合污染	10
				总挥发性有机物（TVOC）	10
		车内气味（VOI）	20	强度等级	20
光照阶段	30	车内醛酮组分和挥发性有机物	20	健康危害（甲醛）	5
				健康危害（苯）	5
				综合污染	10
		车内气味（VOI）	10	强度等级	10
通风阶段	20	车内醛酮组分和挥发性有机物	20	健康危害（甲醛）	5
				健康危害（苯）	5
				综合污染	10

（2）健康危害指标

健康危害的评价对象为对苯和甲醛。评价时，依据美国国家环境保护局颁布的《致癌物的风险评价导则》，通过医学领域常用的暴露评估法，估算苯和甲醛吸入对人体健康危害产生不良影响的发生概率，评价接触苯和甲醛这类致癌因素的个体健康受到威胁的风险。

健康危害值的计算中，暴露年限取 50a，暴露频率取 250 d/a，暴露时间取 3.5h/d，空气呼吸率均值取 1.01 m^3/h，驾乘人员平均寿命取 76.1 岁，驾乘人员平均体重取 65kg，空气中苯的致癌因子取 0.029kg·d/mg，空气中甲醛的致癌因子取 0.045kg·d/mg。

（3）综合污染指标

综合污染指标为综合指数，用污染物浓度与评价标准的相对数值描述多种污染物对空气污染的综合强度。具体计算方法：将苯、甲苯、二甲苯、乙苯、苯乙烯、甲醛、乙醛、丙烯醛等的测试平均浓度 C_i 分别除以该污染物的评价标准 S_i，得到各污染物的质量分指数 I_i，选出其中最大值 I_{max}，再求出污染物质量分指数的平均值 I_{av}，两者的几何均数即为污染指数 I。I 的数值越大，反映综合污染越严重。

（4）车内气味指标

由气味评价小组负责人收集各嗅辨员的评价结果并

对结果进行汇总。负责人首先计算3个嗅辨员评价结果的极差（评级最高级别与最低级别之差），若极差＞1.5，需要重新组织嗅辨，若极差≤1.5，计算3个评价结果的算术平均值作为车内气味等级。若算出的平均值出现小数位，按照以下规则对气味评价结果进行修约。气味评价等级均值小数点后为0（含）～0.25（不含）取0，0.25（含）～0.75（不含）取0.5，0.75（含）～1.0（含）取1.0。例如，3个嗅辨员分别给出3.5级、3.5级、4级的气味等级，算术平均值为3.67级，修约后为3.5级。

车内气味评价过程中，若出现由于极差过大需要重新组织嗅辨的情况，其挥发性有机物采样结果仍然有效，只是需要按照测试评价规程重新安排试验，进行第二次气味评价。

6. 颗粒净化试验方法

试验过程按《车内颗粒物（PM）过滤测试方法》（T/CAAMTB 54—2021）规定的方法测试。

（1）试验准备

检查样车配置和状态，确认其符合样车基本信息确认表及关键零部件清单的要求。将样车置于安装有空调温控系统且温度能控制在（25±5）℃的车辆准备室内，存放并关闭车门、车窗，使车内温度平衡到车辆准备室温度控制范围。

（2）车辆预处理

去除车辆内部构件表面覆盖物（如座椅、地毯等的保护膜），将样车移动至整车 PM 试验舱内。在车辆通电状态下，将车辆空调切换至内循环状态并断电停车。在车辆主、副驾驶位放置配重物，配重质量不小于 40kg。打开车辆的全部车门（包括后备箱盖）、车窗、天窗（如果有），使其处于完全开启状态，调整前排座椅头枕至最低位置。按规定布置车内 $PM_{2.5}$ 浓度检测点，整车 PM 试验舱内 $PM_{2.5}$ 浓度检测点设置在烟雾入口侧、距整车 PM 试验舱内壁（0.5±0.1）m，高度与车内 $PM_{2.5}$ 浓度检测点一致，在相应检测点安装并启动光散射粉尘仪。开启整车 PM 试验舱温、湿度控制系统，颗粒物过滤系统及搅拌风扇和循环风扇，车辆静置不少于 30min，且使整车 PM 试验舱与车内测试环境满足下列要求：

① 整车 PM 试验舱内温度：（25±5）℃；

② 整车 PM 试验舱内相对湿度：（50±10）%；

③ 车内 $PM_{2.5}$ 浓度：$\leqslant 35\mu g/m^3$。

关闭整车 PM 试验舱温、湿度控制及颗粒物高效过滤系统，保持搅拌风机和循环风机开启，关闭全部车门车窗，连续检测车内 10min 的 $PM_{2.5}$ 平均浓度并关闭光散射粉尘仪，记录该平均浓度为整车颗粒物阻隔（Z）测试的初始浓度，记为 C_0。

（3）颗粒物阻隔测试

重新启动车内光散射粉尘仪并关闭车门，开始试验计时。用香烟烟雾作为 $PM_{2.5}$ 的颗粒物发生源，开启烟雾发生器，将烟雾导入整车 PM 试验舱内。当整车 PM 试验舱内 $PM_{2.5}$ 浓度值达到（2 000±400）μg/m^3 时，关闭颗粒物发生器并切断颗粒物导入管路。观察整车 PM 试验舱内 $PM_{2.5}$ 浓度 10min 内的变化情况，确保其满足（2 000±300）μg/m^3 的要求。记录连续检测 30min 车内 $PM_{2.5}$ 浓度并关闭车内光散射粉尘仪，该 30min 车内 $PM_{2.5}$ 浓度的平均值即为整车颗粒物阻隔终止值，记为 C_1。整车颗粒物阻隔通过车内 $PM_{2.5}$ 浓度的增加量 Z 进行评价。

（4）空调内循环状态车内颗粒物过滤能力测试

打开所有车门、车窗，开启烟雾发生器，将烟雾导入整车 PM 试验舱内。当整车 PM 试验舱内 $PM_{2.5}$ 浓度满足要求时，关闭颗粒物发生器并切断颗粒物导入管路。关闭所有车门，车窗保持开启，记录车内 1min 的 $PM_{2.5}$ 浓度平均值，即为 C_{t0}。启动车辆，打开空调及车内空气净化装置，启动车内光散射粉尘仪，关闭车门车窗。当车内光散射粉尘仪的 $PM_{2.5}$ 浓度连续 3 个显示值均不大于 35μg/m^3 时，记录此时车内 $PM_{2.5}$ 的浓度值记为 C_{t1}，并记录净化时间 t（$t \leqslant$ 15min）；若 t=15min 时车内 $PM_{2.5}$ 浓度大于 35μg/m^3，终止试验，并记录此时车内 $PM_{2.5}$ 浓度值，记为 C_{t1}。

7. 颗粒净化评价方法

（1）权重分布

整车颗粒物阻隔（Z）指标总分 20 分，根据试验测得的 Z 值，在不同区间下进行分值分配。内循环净化效率（E）指标总分 80 分，根据试验测得的净化时间 t 及净化终止浓度 C_{t1}，在不同区间下进行分值分配，具体见表 6-3。总分按 100 分计。测评样车最终得分为整车颗粒物阻隔（Z）得分与车内颗粒物过滤能力（E）得分之和。

表 6-3　颗粒净化评分规则

项目	分值	指标区间	得分区间
整车颗粒物阻隔（Z）	20	$Z \leqslant 3$	100%
		$3 < Z \leqslant 5$	（100%，90%）线性插值
		$5 < Z \leqslant 10$	（90%，80%）线性插值
		$10 < Z \leqslant 15$	（80%，70%）线性插值
		$15 < Z \leqslant 20$	（70%，60%）线性插值
		$20 < Z$	50%
内循环净化效率（E）	80	$C_{t1} \leqslant 35$ 且 $t \leqslant 2.5$	100%
		$C_{t1} \leqslant 35$ 且 $2.5 < t \leqslant 4$	90%t（4，2.5）线性插值
		$C_{t1} \leqslant 35$ 且 $4 < t \leqslant 10$	80%t（10，5）线性插值
		$C_{t1} \leqslant 35$ 且 $10 < t \leqslant 15$	70%t（15，10）线性插值
		$35 < C_{t1} \leqslant 75$ 且 t=15	60%
		$75 < C_{t1}$ 且 t=15	50%

（2）整车颗粒物阻隔

整车颗粒物阻隔（Z）考察车辆在静止状态下对外界颗粒物的阻隔与防护能力，用车内 $PM_{2.5}$ 浓度的增量 Z（μg/m^3）表示。

（3）车内颗粒物过滤能力

车内颗粒物过滤能力（E）考察车辆空调及相关空气净化装置，对车内 $PM_{2.5}$ 浓度的降低效果，用净化时间 t（min）和对应的 $PM_{2.5}$ 净化终止浓度 C_{t1}（μg/m^3）表征。车内颗粒物过滤能力测试时，车辆空调循环模式默认为内循环，如车企有特殊要求时，可设置为外循环。

二、中国绿色汽车评价规程

1. 概况

近两年来，随着消费者健康、环保意识的提高，绿色低碳话题热度提升，国家和政府也对汽车绿色发展提出了新要求。综合考虑绿色汽车产品市场定位、行业技术发展水平及消费者关切核心指标，中国汽车技术研究中心有限公司联合行业专家开展研究，在中国汽车消费者研究及测试（CCRT）规程的基础上，构建了《中国绿色汽车评价规程》（C-GCAP），有效提升汽车产品绿色性能，服务消费者选车，树立用户绿色用车理念，不断引导汽车绿色消费。

2. 测评框架

C-GCAP 对车辆健康、能效和低碳 3 个板块的绿色性能进行测试评价，并分别进行星级评定。健康板块主要针对空气质量和电磁防护指标进行评价。能效板块针对传统能源汽车（包含插电式混合动力汽车）从综合油耗和市区油耗两方面进行评价，针对纯电动车对续航和充电两个维度进行评价，包含了低温、高速等消费者关注的场景。低碳板块主要针对车辆全生命周期碳排放进行评价。C-GCAP 测评框架如图 6-3 所示。

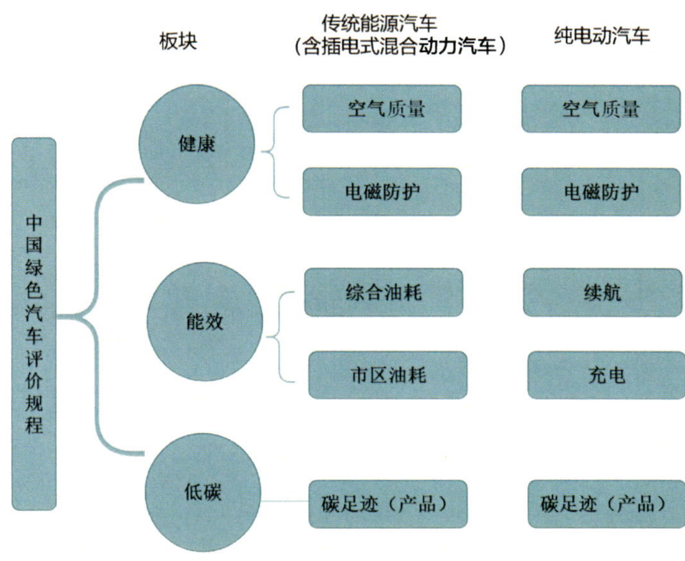

图 6-3　C-GCAP 测评框架

3. 健康板块测评细则介绍

《中国绿色汽车评价规程》（C-GCAP）与车内空气质量相关的内容集中在健康测评细则。一级指标健康下面分为车内空气、健康用材、电磁防护等 3 个二级指标。二级指标车内空气下面分为有害气体浓度、车内气味、颗粒物净化 3 个三级指标，其权重分配为车内有害气体浓度 40%、车内气味 40%、颗粒物净化 20%。健康指标体系具体见表 6-4。

表 6-4　健康指标体系

<table>
<tr><th>一级指标</th><th>二级指标</th><th>三级指标</th></tr>
<tr><td rowspan="8">健康</td><td rowspan="3">车内空气</td><td>有害气体浓度</td></tr>
<tr><td>车内气味</td></tr>
<tr><td>颗粒物净化</td></tr>
<tr><td rowspan="2">健康用材</td><td>有害物质含量</td></tr>
<tr><td>铅含量</td></tr>
<tr><td rowspan="2">电磁防护</td><td>公众电磁防护</td></tr>
<tr><td>敏感人群电磁防护</td></tr>
<tr><td colspan="2">高光照强度有害气体浓度（选做项）</td></tr>
</table>

健康所包含的二级指标权重见表 6-5。

表 6-5　健康所包含的二级指标权重

序号	一级指标	二级指标	权重
1	健康	车内空气	70%
2		健康用材	10%
3		电磁防护	20%

4. 车内空气测试方法

参考《车内挥发性有机物和醛酮类物质采样测定方法》（HJ/T 400—2007）、《汽车车内空气的气味评价规范》（T/CMIF 13）、《道路车辆的内部空气　第 1 部分：整车试验室——测定车厢内部挥发性有机化合物的规范与方法》（ISO 12219-1：2012/2021）开展试验。

（1）有害气体浓度

1）试验准备及预处理

受检车辆在正式试验开始前，应将试验车辆置于温度（25±2）℃、相对湿度（50±10）%、风速＜0.3m/s、气味强度等级≤2.0 级的试验环境舱下静置 24h，应打开车辆的门、窗、天窗和后备箱，发动机、空调和其他设备应处于关闭状态。所有用于运输保护目的的内饰保护膜都应被移除。在该阶段的最后4h进行环境背景的采集，位置为车辆0.5m范围内，高度和车内呼吸带位置持平。背景空气要求甲苯≤0.02mg/m^3、甲醛≤0.02mg/m^3。

试验车辆准备阶段结束前30min内，试验人员可将采样管线布置在前排座椅头枕连线的中点（可滑动的前排座椅应滑到滑轨的最后位置点）。

2）常温有害气体浓度测试

将试验车辆的车门、车窗、后备箱门、天窗、空调等其他进风口风门、发动机所有设备包括空调等全部关闭，确保车辆的密封性。试验车辆进入封闭阶段后，封闭阶段保持16h。然后进入车辆采样阶段。使用不锈钢管、聚四氟乙烯管或硅橡胶管将采气袋的出口连接至采样泵附近。采样前应对采样系统气密性进行检查，不应漏气。采样时提前进行采样泵预热、设置采样程序和流量校准。用采样泵以流速0.5L/min抽1～2min，将采样管线的气体替换为车内空气。采样时，DNPH管采样流速为0.5L/min，Tenax吸附剂管的采样流速为0.2L/min，采样时间均为30min，每种采样管需要2个作为平行样，同时采集1组舱内空气样品。整个采样过程，需要现场至少放置1组采样管作为空白，此管不采样，作为现场空白。试验人员对每个采样管必须记录和编写相应编号，记录采样的流量、时间、总体积。

3）高温有害气体浓度测试

车辆完成常温车内气味评价后，开始高温有害气体浓度测试。设置舱内环境为25℃、50%RH。在此期间布置车内温度传感器，置于主副驾头枕的连线中间处。1h换气处理完成后，关闭所有车窗门，进行密闭。将加热器开启，辐射强度在（400±50）W/m^2。在开启加热后3.5h，开始准备采样。将DNPH管和Tenax管各一根作为背景采样管，进行采样。同时对车内进行采样，采样方法同常温有害气体浓度测试。

4）高温空调开启模式下试验方法

完成高温相关测试后，继续保持辐照灯开启，连接试验车辆的排气管与试验环境舱的尾气排放装置，开启尾气排放装置。试验人员进入主驾驶位置启动车辆，开启空调并将空气循环方式设为内循环吹面模式；自动空调设置在23℃，自动风量，半自动和手动空调系统温度在最低挡运行，风量为最高挡；没有自动空调系统的试验车辆，设置空调为制冷模式且空调风量为最高挡，上述操作时间不超过60s。关闭车门后，连接采样管线和采样泵。将DNPH管和Tenax管各一根作为背景采样管，进行采样。同时对车内进行采样，采样方法同常温有害气体浓度测试。

（2）车内气味

1）常温气味客观评价

完成有害气体采样后，使用气味评价袋采集车内气体，使用 10L 气袋采集，12h 内使用智能嗅辨系统的气味客观化功能对气袋中气体进行分析和评级，并记录气味强度等级，保留到小数点后两位。

2）常温气味主观评价

完成常温车内气味客观评价的车内气体采集后，开始常温车内气味主观评价。由 3 名试验人员进行第一轮试验。对两排座椅的车辆和三排座椅的车辆，试验人员对环境舱背景进行嗅辨后进入车内，1 名试验人员进入驾驶位，1 名试验人员进入副驾驶位，1 名试验人员进入第二排左后座椅位。所有试验人员进入车内后关闭车门，开关车门时尽可能地减小开门幅度。关闭车门后，试验人员的鼻子位于正常呼吸带高度，试验人员正常呼吸，立即对车内空气的气味强度和气味特性进行嗅辨。气味强度分为 1 ～ 6 级。必要时，在两个气味强度等级之间应给出 0.5 级的细分得分。试验人员在车内停留时间不超过 30s，试验完毕后试验人员同时下车关闭车门。

第一轮嗅辨之后，车辆保持密闭状态 10min 后进行下一轮嗅辨，由另外 2 名试验人员进行第二轮试验。试验人员对环境舱背景进行嗅辨后进入车内，对于两排座椅的车辆，1 名试验人员进入驾驶位，另 1 名试验人员进入右后座椅位；对于三排座椅的车辆，1 名试验人员进入第二排中间位置，另 1 名试验人员进入第三排中间位置。进入车内后，试验人员的鼻子位于正常呼吸带高度，试验人员正常呼吸，立即对车内空气的气味强度和气味特性进行嗅辨。试验人员在车内停留时间不超过 30s，试验完毕后下车关闭车门。

3）高温气味主观评价

完成有害气体浓度测试后由试验人员使用气体采样装置，采集 1 袋体积为 10L 的舱内空气。由试验人员使用气体采样装置，采集 3 袋体积为 10L 的车内空气，其中 1 个使用气味评价袋采集。采集后的气袋应在 12h 内完成评价，使用气味嗅辨装置将气体挤出采气袋，由 5 名以上试验人员依次在出气口，对舱内空气气袋和车内空气气袋的样品气体进行嗅辨，每次嗅辨时间为 3 ～ 5s。气袋中气体不足时，在嗅辨前更换气袋。采集后的气袋应在 12h 内使用智能嗅辨系统开展气味客观评价测试，输出的气味等级保留到小数点后两位。

（3）颗粒物净化

1）试验准备及预处理

受检车辆在正式试验开始前，应将试验车辆置于温度（25±5）℃、风速小于 0.3m/s、$PM_{2.5}\leqslant 35\mu g/m^3$、

$PM_{10} \leqslant 35\mu g/m^3$ 的试验环境舱下静置 1h，在此期间应打开车辆的门、窗、天窗和后备箱，发动机、空调和其他设备应处于关闭状态。确保所有用于运输保护目的的内饰保护膜都已被移除，特别是通风口和其他净化器的进出口。为车辆布置采样导管，采样口的位置位于主副驾头枕连线中间位置；在后排坐垫中间位置布置风扇和烟雾出口，烟雾出口位于风扇后方，便于烟雾到达车内后，迅速扩散至整个车厢。

2）颗粒物注射及数据采集

启动粒子计数器，监控舱内环境满足以下条件：$PM_{2.5} \leqslant 35\mu g/m^3$、$PM_{10} \leqslant 35\mu g/m^3$。静置累计 1h 后，将试验车辆的车门、车窗、后备箱门、天窗等与外界联通的部件保持关闭状态。

连接排气管道并开启舱内的尾气排放装置，由主驾进入车内，起动车辆，开启空调，设置为 23℃、内循环、面部模式、最大风速，同时开启其他净化装置，例如负离子、等离子和紫外线等净化装置。但不能与外界空气直接相连，保证内部相对封闭，完成操作后，试验人员从主驾位离开车辆，关闭车门。若以上动作可以通过远程应用程序（App）执行，则优先选择远程 App，若无法获取相关功能，则选择由试验人员上车操作。起动车辆后排的风扇和烟雾发生器，向车内吹扫烟雾。使得车内 $PM_{2.5}$ 的浓度高于 10 000μg/m^3。关闭烟雾发生器，开始观察粒子计数器，当粒子浓度等于 500μg/m^3 时开始计时。直到 $PM_{2.5}$ 浓度低于或等于 35μg/m^3 两次后结束计时，计时最终换算为分钟，保留到小数点后一位。如果 15min 后 $PM_{2.5}$ 浓度仍未低于或等于 35μg/m^3，记录停止计时时的 $PM_{2.5}$ 浓度值。

5. 评价方法

（1）有害气体浓度得分说明

有害气体浓度采用客观测试评价方式，下设 3 个四级指标：常温有害气体浓度、高温有害气体浓度、高温空调开启模式下有害气体浓度。以试验获得的常温、高温、高温空调开启模式下车内 9 项有害气体的浓度测量值作为评分依据，按照测量值与基准值的比例（测量值 / 基准值）确定单项污染物得分系数，单项污染物得分为单项污染物得分系数和满分值的乘积。常温、高温、高温空调开启模式下有害气体浓度得分为该测试场景下所有有害气体浓度得分之和。有害气体浓度评分参数见表 6-6。

表 6-6 有害气体浓度评分参数

<table>
<tr><th>名称</th><th>满分值</th><th>基准值 /（mg/m³）</th><th>测量值 / 基准值</th><th>得分系数</th></tr>
<tr><td>苯</td><td>20</td><td>0.05</td><td>≥ 1</td><td>0</td></tr>
<tr><td>甲苯</td><td>10</td><td>1.00</td><td>≥ 0.9 且＜ 1</td><td>0.1</td></tr>
<tr><td>二甲苯</td><td>10</td><td>1.00</td><td>≥ 0.8 且＜ 0.9</td><td>0.2</td></tr>
<tr><td>乙苯</td><td>10</td><td>1.00</td><td>≥ 0.7 且＜ 0.8</td><td>0.3</td></tr>
<tr><td>苯乙烯</td><td>10</td><td>0.26</td><td>≥ 0.6 且＜ 0.7</td><td>0.4</td></tr>
<tr><td>甲醛</td><td>20</td><td>0.10</td><td>≥ 0.5 且＜ 0.6</td><td>0.5</td></tr>
<tr><td>乙醛</td><td>10</td><td>0.20</td><td>≥ 0.4 且＜ 0.5</td><td>0.6</td></tr>
<tr><td rowspan="4">四氯乙烯</td><td rowspan="4">4</td><td rowspan="4">0.12</td><td>≥ 0.3 且＜ 0.4</td><td>0.7</td></tr>
<tr><td>≥ 0.2 且＜ 0.3</td><td>0.8</td></tr>
<tr><td>≥ 0.1 且＜ 0.2</td><td>0.9</td></tr>
<tr><td>＜ 0.1</td><td>1</td></tr>
<tr><td>三氯乙烯</td><td>6</td><td>0.006</td><td>≥ 1
≥ 0.25 且＜ 1
＜ 0.25</td><td>0
0.6
1</td></tr>
</table>

（2）车内气味得分说明

车内气味结果的评价方法应符合 T/CMIF 13 中的要求。车内气味评价员主观评价分为常温车内气味、高温车内气味两个四级指标。其中气味评价员主观评价依据 T/CMIF 13 对车内进行气味评价，5 名气味评价员的评价误差不应大于 0.5 级，结果取 5 名气味评价员的算术平均值，结果保留到小数点后一位，车内气味评分采用线性插值的方式，常温、高温模式下车内气味评分见表 6-7。气味客观化评价结果仅收集数据，不对气味客观化结果进行评价。

表 6-7　常温、高温模式下车内气味评分

名称	气味等级	得分
常温车内气味	≥ 5.0	0
	＞ 3.5 且＜ 5.0	＞ 0 且＜ 60
	3.5	60
	＞ 3.0 且＜ 3.5	＞ 60 且＜ 90
	3.0	90
	＞ 2.5 且＜ 3.0	＞ 90 且＜ 100
	≤ 2.5	100
高温车内气味	≥ 5.5	0
	＞ 4.0 且＜ 5.5	＞ 0 且＜ 60
	4.0	60
	＞ 3.5 且＜ 4.0	＞ 60 且＜ 90
	3.5	90
	＞ 3.0 且＜ 3.5	＞ 90 且＜ 100
	≤ 3.0	100

（3）颗粒物净化得分说明

颗粒物净化采用客观测试评价方式，试验开始前开启空调及净化装置，考察车辆将污染从 500μg/m³（严重污染）净化至 35μg/m³（优）所需的时间，以秒记。最终将净化时间换算为分钟，测试结果保留一位小数，颗粒物净化评分采用线性插值的方式，见表 6-8。

表 6-8 颗粒物净化评分表

名称	净化时间区间 /min	得分
整车颗粒物净化	≤ 3.0	100 分
	＞ 3.0 且≤ 5.0	＜ 100 且≥ 90 分
	＞ 5.0 且≤ 10.0	＜ 90 且≥ 80 分
	＞ 10.0 且≤ 15.0	＜ 80 且≥ 60 分
	>15.0	60 × 35/*x* 分

注：*x* 为 >15min 时颗粒物浓度（μg/m³），保留一位小数。

第七章　国际车内空气质量相关标准制定和实施情况

一、车内空气质量标准

1. 车内空气质量控制要求概览

国际上车内空气质量控制要求不尽相同，表 7-1 列出了一些国家主要标准的控制项目和限值。

表 7-1　国际车内空气质量限值对比

<table>
<tr><td colspan="2">项目</td><td>韩国</td><td>日本</td><td>俄罗斯</td><td>德国</td></tr>
<tr><td colspan="2">标准编号或发布机构</td><td>建设交通部</td><td>JASO Z125</td><td>GOST 33554—2015</td><td>PV3938</td></tr>
<tr><td colspan="2">强制性</td><td>否</td><td>否</td><td>是</td><td>否</td></tr>
<tr><td rowspan="6">管控限值 / (μg/m³)</td><td>苯</td><td>30</td><td>—</td><td>—</td><td rowspan="5">—</td></tr>
<tr><td>甲苯</td><td>1 000</td><td>260</td><td>—</td></tr>
<tr><td>二甲苯</td><td>870</td><td>870</td><td>—</td></tr>
<tr><td>乙苯</td><td>1 600</td><td>3 800</td><td>—</td></tr>
<tr><td>苯乙烯</td><td>300</td><td>220</td><td>—</td></tr>
<tr><td>甲醛</td><td>250</td><td>100</td><td>50</td><td>80</td></tr>
</table>

续

项目		韩国	日本	俄罗斯	德国
管控限值/（μg/m^3）	乙醛	—	48	—	—
	丙烯醛	—	—	—	
	其他	—	对二氯苯≤240（不收集）	C_2H_6～C_7H_{16}≤50 000	
			邻苯二酸二乙基己酯≤120	CH_4≤50 000	
			邻苯二甲酸二丁酯≤220	CO≤5 000	
			十四烷≤330	NO_2≤85	
			毒死蜱≤1	NO≤400	
			二嗪农≤0.29	—	
			芬布卡尔≤33	—	

2. 俄罗斯标准

（1）试验流程

俄罗斯标准将大气中所含的化学（或生物）物质以及这些物质的混合物定义为3B组分，这些物质对人体健康和周围环境会产生不利影响。俄罗斯标准规定了一氧化碳、二氧化氮、一氧化氮、甲烷、饱和烷烃（C_2H_6～C_7H_{16}）、甲醛等3B物质的浓度，试验采用便携式实时检测设备测量部分气体(如一氧化碳、一氧化氮、二氧化氮等)，并借助实验室检测技术测量其他成分（如甲醛、甲烷、饱和烷烃)。

俄罗斯标准要求在正常天气条件下开展测试，对外部环境条件规定如下：室外空气温度：−15 ～ 30°C；空气相对湿度: 30% ～ 90%；风速:（3.5±1.5）m/s；大气压力: 84.0 ～ 108.7 kPa。

受检车辆需在两种制度下开展试验，Ⅰ制度试验是在坚硬的、坡处不超过 6% 的路面上进行，行驶速度为 50km/h。对于带机械传动箱的汽车，要选择保障稳定行驶的高传动状态。Ⅱ制度试验为空转。针对停止状态下的汽车，以生产商规定的稳定怠速为工作制度。

1）Ⅰ制度试验

Ⅰ制度试验是在车门窗封闭状态下启动发动机，将汽车行驶到路上，而后关闭发动机使汽车停止，打开窗户、门、通气孔，使乘客厢和驾驶室通风。过（5±1）min 后打开车门、窗和通气孔。启动发动机，沿路线行驶。试验开始（20±5）min 后，循环采样车内空气，继续行驶，对汽车驾驶室和（或）乘客厢内的空气 3B 成分进行即时分析和实验室分析。

2）Ⅱ制度试验

Ⅱ制度试验规定试验开始前，以试验汽车为中心，对

5 ～ 10 m 半径的试验区域内空气中的 3B 进行即时分析。如果在试验区域内测量的 3B 浓度不超过用于居民区大气极限允许浓度的一半，则可以开始试验。试验开始前，将汽车放置在合适位置，让排出的尾气气流方向正对着风向，保证通风和加热系统的试验条件和工作制度，然后启动汽车发动机。在转入工作制度（20±5）min 后，不关闭发动机，对汽车驾驶室和乘客厢内的气体进行采样并对部分 3B 气体进行即时分析。分析结束后，断开气体分析仪电源。Ⅰ制度和Ⅱ制度试验结束后，将试验过程中采集的空气样品转入实验室进行其他 3B 成分分析，从而进行更深入的研究。俄罗斯标准对不同车辆类型采样点位置的规定如图 7-1 所示。

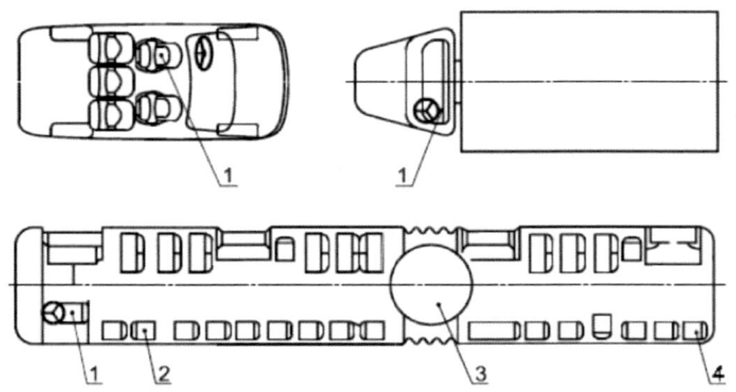

1— 用于 M 类和 N 类汽车的采样点；1，2，4—用于 M_2 类和 M_3 类汽车的采样点；3—用于 M_3 类汽车（联接的）的采样点

图 7-1 俄罗斯标准采样点位置

（2）管控成分及限值要求

对于不同类型发动机，俄罗斯车内空气质量标准管控成分及限值要求不尽相同，见表 7-2。

表 7-2　俄罗斯车内空气质量标准管控成分及限值要求

有害物质种类	限值 /（mg/m^3）	涉及发动机类型
CO	5.0	汽油、LPG、CNG、柴油、柴油 / 天然气混合动力
NO_2	0.2	汽油、LPG、CNG、柴油、柴油 / 天然气混合动力
NO	0.4	汽油、LPG、CNG、柴油、柴油 / 天然气混合动力
CH_4	50	CNG、柴油 / 天然气混合动力
饱和烷烃（C_2H_6 ～ C_7H_{16}）	50	汽油、LPG、CNG
甲醛	0.05	CNG、柴油、柴油 / 天然气混合动力

3. 韩国标准

（1）标准概述

韩国建设交通部 2007 年 6 月 5 日发布《新制造车车内空气质量管理标准》，明确指出该标准适用于 2009 年 7 月 1 日后生产的汽车，此标准附录中详细描述了韩国汽车整车 VOCs 的测试方法。

韩国建设交通部为管理新制造车车内空气质量，每两年采样测定车内污染物，以确认标准的遵守情况，认为有必要时可要求汽车制造厂提供相关材料。建设交通部可公布标准的达标情况确认结果，对超标的，可劝告汽车制造厂采取改善等适当的措施。

（2）适用对象

本测定方法的测定对象为汽车制造厂成品汽车出库日起 4 周（14 ～ 28d）内的轿车。

（3）测定对象物质

甲醛及测定对象物质为新制造车车内空气质量标准提示的 6 种挥发性有机组分（甲醛、苯、甲苯、二甲苯、乙苯、苯乙烯）。

新制车车内空气质量标准限值见表 7-3。

表 7-3　新制车车内空气质量标准限值

单位：μg/m^3

甲醛	苯	甲苯	二甲苯	乙苯	苯乙烯
250	30	1 000	870	1 600	300

（4）试验流程

韩国整车 VOCs 测试方法属于静态测试方法，此过程一共分为 3 个阶段：车辆准备阶段、车辆测试阶段和样品采集阶段。该测试方法中也明确了对待测车辆和测试环境舱的要求，待测车辆的车内空气循环状态应处于内循环状态，车辆在准备过程中应尽量避免造成污染；针对测试环境，受检车辆在试验时，测试环境舱的温度应始终维持在（25±2）℃，实时监控环境舱温度和湿度，整车 VOCs 测试的具体流程如图 7-2 所示。

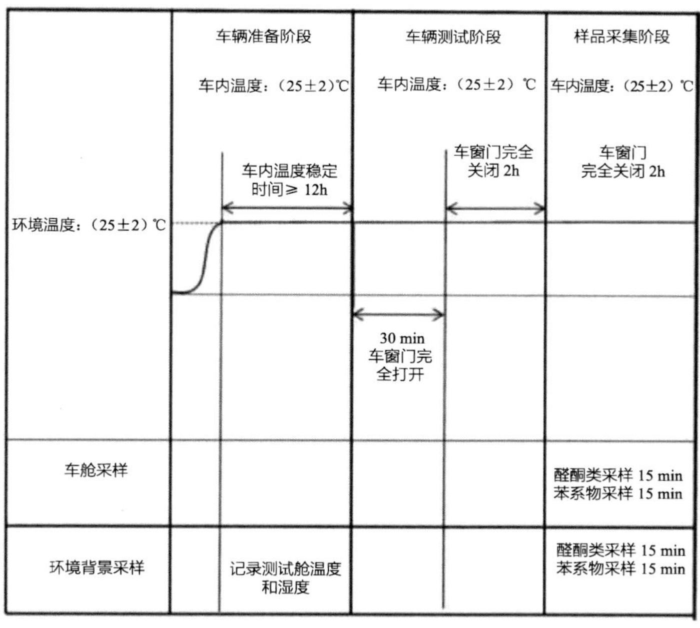

图 7-2　韩国整车 VOCs 测试流程

1）采样位置

环境舱及车辆驾驶座各设置 1 个点。背景浓度采样点在离受检车辆 0.3 ～ 1m、离地面 1m 高的位置。受检车辆采样点位于方向盘顶部和驾驶座靠背顶部连接线上、离方向盘 50cm 的部位。

2）采样数

环境舱采样 1 次，甲醛和挥发性有机组分各采集 1 个样品。车辆驾驶座采样 1 次，甲醛和挥发性有机组分测定各采集 3 个样品。

3）采样时间和流量

韩国车内空气质量标准采样时间及采样流量见表 7-4。

表 7-4　韩国车内空气质量标准采样时间及采样流量规定

测定项目	采样条件	
甲醛（HCHO）	采样时间	15min
	采样流量	0.4 ～ 1L/min
挥发性有机组分（VOCs）	采样时间	10min
	采样流量	100 ～ 200ml/min
	采样量	1L 以上

4）测定准备

将受检车辆所有窗门打开 30min。受检车辆打开窗门期间安装固定好采集导管、温度计等。

5）进行检测

将受检车辆所有门窗关闭。车辆门窗密闭 2h 后开始采集受检车辆车内空气及环境舱背景样品，如表 7-5 所示。

表 7-5　检测流程

测试进行时间	温度稳定至少 12h	换气 30min	常温密闭 2h	采集 15min
受检车辆车内温度	25℃	25℃	25℃	25℃

（5）样品分析方法

1）甲醛（HCHO）

样品保存或运输过程中，需用铝箔包好采集管，避免光照，在 4℃以下保存，尽可能迅速测定。

样品分析参照 ISO 16000-3 的规定执行。按照获取的色谱峰面积值代入公式，计算出甲醛浓度。

$$C_A = (A_S - A_b) \times V \div Q$$

式中：C_A——受检车辆车内空气样品中甲醛浓度，mg/m^3；

A_S——车内空气样品分析结果值，mg/ml；

A_b——DNPH 采样管空白值，mg/ml；

V——乙腈萃取，ml；

Q——总采样量，m^3。

2）挥发性有机组分（VOCs）

吸附管采集的样品若采集后 1h 内不能及时分析，为了避免来自外部的污染，要用密封盖和聚四氟乙烯（PTFE）圈套及铝箔等密封，室温下保存，保存时间不得超过 4 周。

采用ISO 16000-6规定的样品分析方法。浓度计算是把色谱峰面积代入标准样品公式获得物质质量（A_S）和空白样品的物质质量（A_t），再根据以下公式获得各组分浓度。

$$C_A=(A_S-A_t)\div Q$$

式中，C_A——车内空气样品中各挥发性有机组分的浓度，mg/m^3；

A_S——车内空气样品中各挥发性有机物的质量，mg；

A_t——空白样品中各挥发性有机组分的质量，mg；

Q——总采样量，m^3。

4. 日本标准

（1）标准概述

2005年，日本汽车工业协会（JAMA）以自主行动计划形式发布了《降低车内挥发性有机化合物水平的自主指南》，要求从2007年开始所销售的新车车内VOCs浓度必须满足限值要求，JAMA规定的车内有机物浓度限值要求参考了厚生劳动省规定的甲醛、甲苯、毒死蜱、十四烷、邻苯二甲酸二丁酯、仲丁威等13种物质的室内浓度指导值。

（2）测试对象

使用经过常规工艺制造、总装、检查后4周（最好是14～28d）以内的车辆或相当于此的车辆。

（3）试验流程

试验流程如图 7-3 所示。醛类和 VOCs 收集时间和收集速度要求见表 7-6。

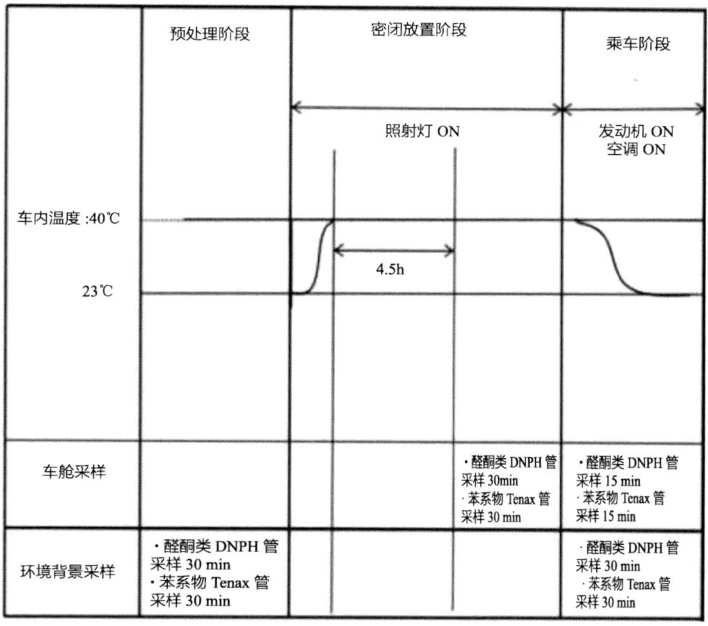

图 7-3　日本车内空气质量标准试验流程

表 7-6　醛类和 VOCs 收集时间和收集速度要求

<table>
<tr><td colspan="2">测定模式</td><td>密闭放置</td><td>乘车</td></tr>
<tr><td rowspan="3">醛类</td><td>收集时间</td><td>30min</td><td>15min</td></tr>
<tr><td>收集速度</td><td colspan="2">0.4 ～ 1L/min
（15min 收集 12L 时，需要 0.8L/min 以上）</td></tr>
<tr><td>收集量</td><td colspan="2">12L 以上</td></tr>
<tr><td rowspan="3">VOCs</td><td>收集时间</td><td>30min</td><td>15min</td></tr>
<tr><td>收集速度</td><td colspan="2">0.1 ～ 0.2L/min
（15min 收集 3L 时，需要 0.2L/min 以上）</td></tr>
<tr><td>收集量</td><td colspan="2">3 L 以上</td></tr>
</table>

1）预处理

试验舱的温度设置在（23±2）℃且换气状态良好，并保持该状态至试验结束，将车辆置于试验舱内，停止发动机，随后打开所有车门，放置 30min 以上，使车辆温度和试验舱温度一致。

2）密闭放置时的甲醛浓度测定

关闭车门和所有车窗，利用射灯将车内空气采样位置附近的温度升温至 40℃。在采样过程中，维持车内采样位置附近的温度在（40±2）℃。升温至 40℃的 4.5h 后，启动采样装置，空放 10min 后再采集车内空气 30min。

3）乘车时的其他物质浓度测定

密闭放置模式下车内空气采集结束后，立即更换其他物质采集所用的采样管。打开驾驶室侧车门，启动发动机及空调后立刻关闭车门（10s 内完成）。关闭车门后开始采集空气样本，车内空气采集 15min，试验舱内空气采集 30min。

（4）日本 VOCs 标准管控成分及限值要求

车内空气污染物管控引用了日本厚生劳动省制定的 13 种物质的室内浓度指导值，见表 7-7。

表 7-7 日本厚生劳动省制定的 13 种物质的室内浓度指导值

物质名	室内浓度指导值	主要产生源
甲醛	100μg/m^3（0.08 ppm）	胶合板、壁纸等的黏合剂
甲苯	260μg/m^3（0.07 ppm）	装修材料、家具等的黏合剂、涂料
二甲苯	870μg/m^3（0.20 ppm）	
对二氯苯	240μg/m^3（0.04 ppm）	衣类的防虫剂、卫生间的芳香剂
乙苯	3800μg/m^3（0.88 ppm）	胶合板、家具等的黏合剂、涂料
苯乙烯	220μg/m^3（0.05 ppm）	隔热材料、浴室、叠芯材料
毒死蜱	1μg/m^3（0.07 ppb） 幼儿为 0.1 μ g/m^3 （0.007ppb）	防蚁剂
邻苯二甲酸二丁酯	220μg/m^3（0.02 ppm）	涂料、颜料、黏合剂

物质名	室内浓度指导值	主要产生源
十四烷	330μg/m^3（0.04 ppm）	煤油、涂料
邻苯二酸二乙基己酯	120μg/m^3（7.6 ppb）	壁纸、地面材料、电线外皮
二嗪农	0.29μg/m^3（0.02 ppb）	杀虫剂
乙醛	48μg/m^3（0.03ppm）	建筑材料、壁纸等的黏合剂
芬布卡尔	33μg/m^3（3.8ppb）	驱白蚁剂

5. ISO 12219-1 标准

（1）概述

2002 年，欧盟启动“清洁车厢工程”，耗时 3 年，旨在研发出一种有效的可以量化的车内空气质量检测管理系统，给乘客提供一个健康、舒适及安全的车内环境。2012 年，国际标准化组织正式发布《道路车辆的内部空气　第 1 部分：整车试验室——测定车厢内部挥发性有机化合物的规范与方法》（ISO 12219-1：2012），此标准被欧盟各成员国普遍执行。该标准于 2021 年再次修订，因其测试工况丰富，接近消费者实际用车过程，ISO 12219-1：2021 被世界各国的车企试验室广泛使用。

（2）车辆要求

对新车的测试应当在组装完成后的（28+5）d 内执行。

受试车辆应当在阴凉处或销售厅内存放、运输（无直接阳光照射）。不能使用运输保护蜡，行驶里程不应超过 50km。

（3）适用范围

本标准规定了测定车厢空气中 VOCs 和醛酮类物质所用的整车试验室（如环境舱）、蒸气取样组件和操作过程。共执行 3 项测定：第 1 项是在（25±1）℃标准条件下（环境模式）进行，模拟常温环境条件（用于 VOCs 和醛酮类）；第 2 项仅用于在光照下测量甲醛（停车模式）；第 3 项用于车辆经阳光暴晒后，点燃发动机，启动空调，在模拟行驶时测量 VOCs 和醛酮类物质（行驶模式）。对于欧洲、亚洲、北美等地平均太阳辐射的模拟，在整车试验室中使用了固定强度的垂直辐射。

（4）试验流程

1）温度预平衡阶段

进入整车试验室前，将受检车辆置于（25±5）℃的预处理室内进行 24h 预平衡，此过程受检车辆车门车窗均关闭。

2）环境模式

环境要求：将受检车辆放入整车试验室中，去除内部构件表面覆盖物（如出厂时为保护座椅、地毯等而使用的塑料薄膜），并将覆盖物移至采样环境舱外，布置采样导管及风速传感器。设置整车试验室温度为 23 ～ 25℃，尽可能接近25℃，相对湿度在50%±10%。保证试验室内气体交换量不低于2次/h。待温度、湿度稳定后使用Tenax采样管和DNPH采样管对整车试验室现场进行空白采样。接下来进入环境模式，将车门车窗打开30～60min，再关闭车门车窗（16±1）h（或过夜）后开始进行车内空气平行采样，采样前需要抽掉采样导管中的死体积，开启经过一级皂膜流量计进行流量校准的大气采样泵，进行30min采样。

采样流量要求：VOCs采样流量不超过200ml/min，醛酮组分采样流量不超过1 000ml/min。采集气体总体积应不大于车内总容积的5%。同时开启整车试验室中的4个取样装置组，以测定整车试验室内VOCs和醛酮组分背景浓度（2个取样装置组用于VOCs，2个取样装置组用于醛酮组分），采样点位置应在距离受检车辆外表面不超过0.5m的空间范围内，高度与车内采样点位置相当。

3）停车模式

环境要求：打开阳光模拟装置，将辐射强度调至（400±50）W/m^2，并保持4h。将整车试验室中的空气交换率调整为至少2次/h（推荐值）。分别对受试车辆车内空气测量所用的4个取样装置组和整车环境舱所用的4个舱背景取样装置组进行安装，均为2个Tenax采样管和2个DNPH采样管。取样开始前，对取样装置组进行泄漏检查，并吹扫不连通体积。打开 8 个大气采样泵。在光照下，对受试车辆执行车内空气采样 30min。

采样流量要求：VOCs 采样流量不超过 200ml/min，醛酮组分采样流量不超过 1 000ml/min。采集气体总体积应不大于车内总容积的 5%。

4）行驶模式

环境要求：分别对受试车辆测量所用的 4 个取样装置组和整车环境舱所用的 4 个舱背景取样装置组各安装 2 个 Tenax 采样管和 2 个 DNPH 采样管。保持阳光模拟装置开启。

空调设置要求：在 60s 内，打开主驾车门，启动发动机，打开空调（如果为自动空调，则为 23℃，如果为半自动和手动空调系统，则为最低挡运行；对于没有自动气候系统的车辆，将风扇设置为新风通风的最大性能模式），见表 7-8。

表 7-8 空调设置

	自动空调	半自动或手动空调	无空调
空调 打开 / 关闭	打开	打开	—
室内 / 室外空气切换	自动	新风流通	—
空气流量开关	自动 所有调风器向上并完全打开	脸部模式 所有调风器向上并完全打开	在最大位置通风，使用新风通风
温度	23℃	最低	最低

采样流量要求：VOCs 采样流量不超过 200ml/min，醛酮组分采样流量不超过 1 000ml/min。采集气体总体积应不大于车内总容积的 5%。

ISO 12219-1:2021 标准测试流程如表 7-9 所示。

表 7-9 ISO 12219-1:2021 标准测试流程

<table>
<tr><td>模式</td><td>预平衡</td><td colspan="4">环境模式</td><td colspan="2">停车模式</td><td>行驶模式</td></tr>
<tr><td>阶段</td><td>温度预平衡</td><td>采样</td><td>敞开</td><td>封闭</td><td>采样</td><td>光照</td><td>采样</td><td>采样</td></tr>
<tr><td>持续时间</td><td>24h</td><td>30min</td><td>30～60min</td><td>16h±1h</td><td>30min</td><td>4h</td><td>30min</td><td>30min</td></tr>
<tr><td>开始时间</td><td>0:00</td><td>24:00</td><td>24:30</td><td>25:00</td><td>41:00</td><td>41:30</td><td>45:30</td><td>46:00</td></tr>
<tr><td>温度</td><td>20～30℃</td><td colspan="4">23～25℃，尽可能接近 25℃</td><td colspan="3">尽可能接近 25℃</td></tr>
<tr><td>湿度</td><td colspan="5">50%±10%RH</td><td colspan="3">尽可能接近 50%RH</td></tr>
<tr><td>阳光模拟</td><td colspan="5">关闭</td><td colspan="3">$400W/m^2 \pm 50W/m^2$</td></tr>
<tr><td>车龄</td><td colspan="8">28d±5d 且里程数不足 80km</td></tr>
<tr><td>车门状态</td><td colspan="2">关</td><td>开</td><td colspan="4">关</td><td>开启 < 1min</td></tr>
<tr><td>车窗状态</td><td colspan="8">关</td></tr>
<tr><td>发动机</td><td colspan="7">关</td><td>开</td></tr>
<tr><td>空调状态</td><td colspan="7">关</td><td>开</td></tr>
<tr><td>空调模式</td><td colspan="5">关</td><td colspan="3">自动或吹脸模式</td></tr>
</table>

续

<table>
<tr><td>模式</td><td>预平衡</td><td>环境模式</td><td>停车模式</td><td>行驶模式</td></tr>
<tr><td>风扇</td><td colspan="2">关</td><td colspan="2">自动或最高</td></tr>
<tr><td>温度设置</td><td colspan="2">关</td><td colspan="2">23℃或更低，但不开启 MAXAC</td></tr>
<tr><td>进气口位置</td><td colspan="2">开</td><td colspan="2">自动</td></tr>
<tr><td>出风口位置</td><td colspan="4">完全打开且垂直</td></tr>
</table>

5）分析流程

醛酮类化合物分析参照《室内空气　第 3 部分：室内和实验室空气中甲醛和其他羰基化合物的测定　活性取样法》（ISO 16000-3）执行，挥发性有机化合物分析参照《室内空气　第 6 部分：通过 Tenax TA 吸附剂活性取样、热脱附 / 气相色谱 - 质谱联用法或火焰离子检测法 - 质谱联用法测定室内和试验室空气中的挥发性有机化合物》（ISO 16000-6）执行。

6. 德国大众整车测试方法

（1）标准概述

1999 年，德国大众针对车内空气质量发布《汽车整车散发情况——汽车内部空间气体》（PV 3938）标准，该标准阐述了德国大众汽车主机厂对车内污染物及气味的测试和评价流程，要求车内甲醛含量不能超过 80μg/m^3。

（2）标准对检测空间的要求

检测空间要足够摆放两辆汽车。其中一辆汽车在被检测时，另外一辆可以做检测准备。除此之外，检测空间还要足够大以方便散去红外线仪器工作时排放的热量。务必杜绝火灾的发生。检测空间内必须不带任何特殊气味。机动车装配车间或涂料工作室以及类似的地方不能用作此检测之用。

（3）红外线加热仪器及其要求

设置 4 部红外线加热仪器，功率各为 3.3kW。照射板大小为 100cm × 80cm，仪器由热电偶控制。通过设定最大限度的物体温度以保护汽车。

4 部红外线加热仪器放在汽车的四面，仪器距离车身 50cm。照射面应该与汽车玻璃面平行，红外线加热仪器与车身摆放位置如图 7-4 所示。

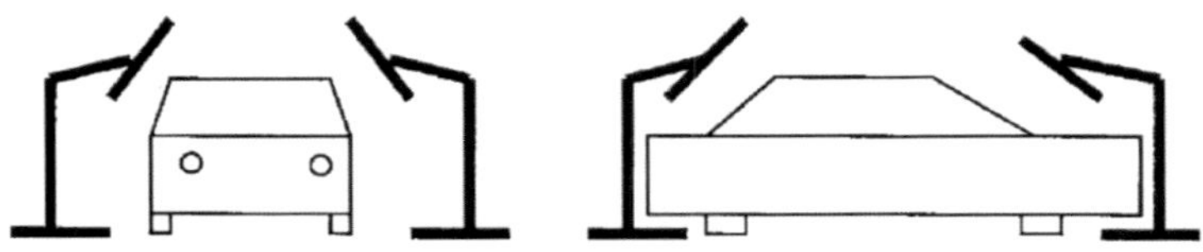

图 7-4 红外线加热仪器与车身摆放位置

（4）标准对温度检测的要求

通过预先设定红外线仪器达到的最大温度，这项指标能有效地保护汽车。在照射板照到车身上最热的位置安装探测器，推荐加热温度最高限度为 110℃。

（5）标准对车身的要求

1）前期准备

刚装配好的汽车含有浓烈的溶媒浓缩剂，不利于开展辐射测试。因此，汽车在受检测之前需严格遵照规定做前期处理。汽车所有窗户打开，在室温中放置 24h。较易挥发溶媒浓缩剂的浓度会通过这样的处理显著降低。

2）升温过程

升温过程中汽车车身的温度应在特定位置量取。这个位置是前排座位头部靠垫的正中间以及距离车顶 20cm。汽车升温过程如图 7-5 所示，图中纵坐标为温度，横坐标为时间。

汽车车身最初加热升温的幅度比较大，其后趋于平缓。升温过程可较快或较慢，如图 7-5 中虚线所示，应保证 3h 内测试位置量取的温度达到（65±5）℃。到第 4 小时结束时温度都要保持如此。

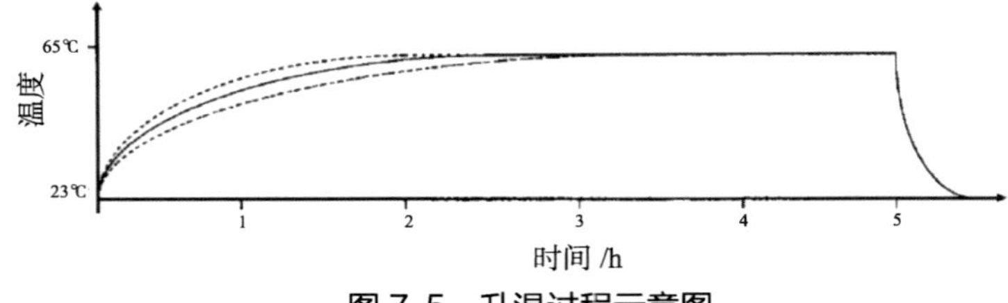

图 7-5 升温过程示意图

整个测试过程中该位置的温度都要记录备案。

3）平衡状态

整个汽车升温的过程中除了温度变化被记录备案，火焰离子检测器（FID）的值也被测量和记录。FID 值首先随着温度的升高而升高。在温度达到设定值以后 FID 值仍然继续升高较长一段时间。一旦 FID 值稳定下来，可以认为汽车内部空气达到平衡状态。

（6）德国整车 VOCs 试验流程

德国整车 VOCs 标准测试流程共分为 4 个阶段：车辆准备阶段，车辆升温阶段，车辆平衡阶段和样品采集阶段。车辆准备阶段需打开车门窗静置 24h 后才可对整车环境舱升温，标准要求在 3h 内将车内的温度由 23℃升至 65℃，到第 4 小时结束时温度仍需维持在 65℃的状态，此状态下测试整车 VOCs 的散发情况，如图 7-6 所示。

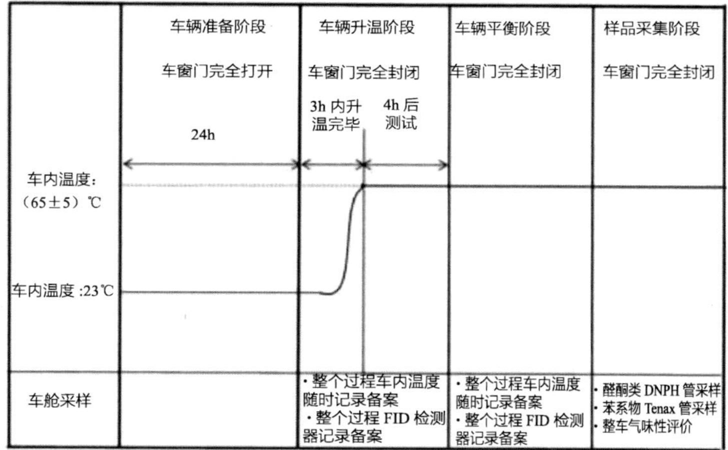

图 7-6　德国整车 VOCs 标准测试流程

德国标准采取静态方法测试整车 VOCs，车辆升温阶段和车辆平衡阶段需在线检测车内温度，使用氢火焰离子检测器（FID）实时监测车内 VOCs 散发情况；样品采集阶段，采集车内空气中的苯系物及醛酮类物质并评价车内气味。与 HJ/T 400—2007 整车 VOCs 测试方法不同，德国标准在整车升温及平衡阶段在线监控车内温度及 TVOC 散发性能，有助于准确捕捉到样车在升温和平衡过程中 TVOC 的散发情况，了解整车车内挥发性物质的散发规律；其次，整车 VOCs 测试完毕后，该标准还规定了整车的气味性评价，这是与其他整车 VOCs 测试标准不太一样的地方；最后德国整车 VOCs 测试流程中并未对整车环境舱的 VOCs 散发情况进行测定，这也不同于其他整车 VOCs 测试标准。

（7）气味评价标准

德国标准将车内气味强度从好到差分为 1 ～ 6 级，1 级最好，6 级最差，气味强度等级与气味描述见表 7-10。

表 7-10　气味强度等级与气味描述

气味强度等级	气味强度评分标准描述
1 级	无气味，不易感觉到
2 级	有气味，可以感觉到，但不刺鼻，轻微强度
3 级	有明显气味，可以明显感觉到，但不刺鼻，中等强度
4 级	刺鼻的气味，强度较大
5 级	强烈的刺鼻的气味，强度很大
6 级	不可忍受的气味

二、国际车内使用材料有害物质相关标准

1. 欧盟

欧盟对于汽车内饰材料中的有害物质控制，主要通过《化学品注册、评估、授权与限制》（REACH）法规实施，要求汽车制造商和供应商必须确保其产品中不含或仅含有限量的特定有害物质，如铅、汞、镉、六价铬等重金属，以及多环芳烃（PAHs）、邻苯二甲酸盐（Phthalates）、

VOCs 等。欧盟委员会在 2023 年 7 月 17 日发布的法规（EU）2023/1464，对化学品注册、评估、许可和注册（REACH）法规 No1907/2006 的附录 XVII 进行了修订，新增了第 77 项限制条款，专门针对家具、物品和道路车辆内部释放的甲醛进行了限制。这一法规的出台，体现了欧盟对减少汽车内饰材料中甲醛等有害物质释放、保护乘员健康的持续关注和行动。此外，REACH 法规还提出化学品的注册、评估、授权与限制要求，确保在整个供应链中，包括汽车制造行业，对危险化学品的使用进行有效管理。随着对环境和公众健康的日益重视，欧盟不断更新和强化这方面的法规，推动汽车内饰材料向更安全、更环保的方向发展。未来，可以预见的是，欧盟将继续加强对汽车内饰材料中有害物质的监管，可能会设定更多限制物质列表，提高检测标准，以及推动替代材料和技术的研发与应用，以进一步降低车内环境污染风险。同时，透明度和合规性要求也会增强，促使整个行业提升对有害物质管理的重视程度。

2. 美国

美国没有专门针对新车内部 VOCs 含量进行限制，针对汽车内饰材料的具体有害物质限制和要求尚不如欧盟的 REACH 法规系统和具体。但通过不同法规的强制性实施和一些自愿性行动，美国也在不断加强对汽车内饰材料中有害物质的管理和控制。随着全球对环境保护和消费者健康意识的提升，未来可能会有更详细的限制措施出台。在美国，关于汽车内饰材料的有害物质控制主要受到以下几个方面的法规影响：

（1）《有毒物质控制法案》(TSCA)

美国国会于1976年通过了《有毒物质控制法案》（*Toxic Substances Control Act*，TSCA），并在2016年进行了重大修订，旨在管理美国市场上化学品的生产、进口、使用和处置，以保护人类健康和环境。TSCA要求某些新化学品在进入市场前需经过EPA的审查，并允许EPA对现有化学品实施测试和限制措施，这自然也涵盖了汽车内饰材料中可能含有的有害物质。EPA要求汽车制造厂所使用的材料必须申报，并必须经审查以确保对环境和人体危害程度达到最低点后才能使用，申报者一旦违反规定，将负担巨额罚款，还应召回产品清理污染，主要负责人甚至会被判刑。

（2）EPA的自愿性项目

EPA曾推出过一些自愿性计划，如“环境设计”（Design for the Environment，DfE）评价。虽然不是强制性的要求，但通过鼓励制造商采用更安全的化学品和生产实践，为减少汽车内饰材料中的有害物质提供了指导和认可机制。

（3）各州法规

加利福尼亚州 65 提案（Proposition 65）虽然不是全国性的法规，但对全国乃至全球的产品销售有重要影响。65 提案要求室内空气总挥发性有机物含量低于 $0.5mg/m^3$。并且，要求任何在加利福尼亚州销售的产品，如果含有已知可能导致癌症或生殖毒性的化学物质，必须提供警告标签。这直接影响汽车内饰材料的选择和标注。

3. 日本

日本通过立法、标准制定、行业自律及国际合作等多维度措施，有效地控制了汽车内饰材料中的有害物质，既保障了消费者健康，又促进了汽车行业的可持续发展。以下是日本在汽车内饰材料有害物质管理方面的一些主要做法。

（1）政府强制性法规

日本对汽车内饰材料中的有害物质控制主要遵循其国内的相关法律法规框架，其中最重要的包括《化学物质审查及生产管理法》（CSCL，类似于欧盟的 REACH 法规）和《道路车辆法》等。CSCL 要求对化学物质进行严格登记、评估和管理，确保其在生产、进口和使用的各个阶段不会对环境和人体健康造成不可接受的风险。日本政府通过不同法规和标准设定了汽车内饰材料中特定有害物质的含量限值，如铅、汞、六价铬、多溴联苯（PBB）、多溴二苯醚（PBDE）等，确保这些材料在汽车中的应用不会超过安全限值。

（2）环境标志认证制度

日本环境省推广的“生态标签”（ECOMARK）认证制度，鼓励使用环保材料和设计，对于符合严格环保标准的汽车内饰材料给予认证，这促进了市场上环保产品的识别和选择。

（3）行业自律

日本汽车制造商及其供应链企业还积极参与行业自律活动，制定比法律要求更为严格的自主标准，推动有害物质的减量和替代品的研发。日本汽车工业协会制定了《汽车内饰件挥发性有机化合物测试方法》（JASO M 902），针对汽车零部件及装饰品制定了污染物测定方法，通过企业自愿执行此标准来降低乘用车零部件中的VOCs含量。